सलमान अख़्तर

सलमान अख़्तर का जन्म 31 जुलाई, 1946 को लखनऊ, उत्तर प्रदेश में हुआ। उन्होंने ए.एम.यू., अलीगढ़ से एम.बी.बी.एस. और पी.जी. आई.एम.ई.आर., चंडीगढ़ से एम.डी. (मनोचिकत्सा) करने के बाद अमेरिका में मनोचिकित्सा और मनोविश्लेषण का अध्ययन किया और प्रशिक्षण लिया। वे उर्दू और अंग्रेज़ी दोनों भाषाओं में समान रूप से लिखते हैं। उनकी सभी उर्दू किताबें एक ही जिल्द में हिन्दी में भी लिप्यंतरित हैं।

उन्होंने मनोचिकित्सा व मनोविश्लेषण विषयक कई किताबों का लेखन तथा 89 किताबों का सम्पादन और सह-सम्पादन किया है। उनके 400 से अधिक शोधपत्र प्रकाशित हैं। प्रमुख कृतियाँ हैं—'कू-ब-कू', 'दूसरा घर', 'नदी के पास', 'ग़ज़ल@इंग्लिशजंक्शन', 'सोच समझ', 'तीसरा शहर', 'बन्द गली का मकान', 'मीरनामा', 'देर रात का सूरज' (उर्दू और हिन्दी); 'The Hidden Knot', 'Conditions', 'Turned to Light', 'After Landing', 'Blood and Ink', 'Freshness of the Child', 'Symptoms of Belonging', 'This is What Happened', 'Keys and Caveats' (अंग्रेज़ी)।

कई अन्तरराष्ट्रीय सम्मानों से सम्मानित सलमान फ़िलहाल जेफ़रसन मेडिकल कॉलेज, फ़िलाडेलफ़िया, अमेरिका में मनोचिकित्सक और मनोविश्लेषण के प्रोफ़ेसर तथा साइकोएनालिटिक सेंटर, फ़िलाडेलफ़िया के सुपरवाइज़िंग ट्रेनिंग एनालिस्ट हैं।

सम्पर्क : salman.akhtar@jefferson.edu

एक बात कहनी है

सलमान अख़्तर

सम्पादन
विनय कुमार

राजकमल पेपरबैक्स

राजकमल पेपरबैक्स में
पहला संस्करण : 2022
दूसरा संस्करण : 2024

राजकमल पेपरबैक्स : उत्कृष्ट साहित्य के जनसुलभ संस्करण

राजकमल प्रकाशन प्रा.लि.
1-बी, नेताजी सुभाष मार्ग, दरियागंज
नई दिल्ली-110 002
द्वारा प्रकाशित

शाखाएँ : अशोक राजपथ, साइंस कॉलेज के सामने, पटना-800 006
पहली मंजिल, दरबारी बिल्डिंग, महात्मा गांधी मार्ग, प्रयागराज-211 001
1, अनमोल सोराबजी संतुक लेन, धोबी तलाव, मरीन लाइंस, मुम्बई-400 002

वेबसाइट : www.rajkamalprakashan.com
ई-मेल : info@rajkamalprakashan.com

बी.के. ऑफसेट
नवीन शाहदरा, दिल्ली-110 032
द्वारा मुद्रित

मूल्य : ₹299

EK BAAT KAHNI HAI
Poetry by Salman Akhtar
Edited by Vinay Kumar

ISBN : 978-93-94902-05-3

एक-एक मिसरे में इम्तिहान है दिल का
एक बात कहनी है और वो ही छुपानी है

इम्तिहान है दिल का

सलमान अख़्तर की शायरी में एक दोस्ताना सादगी है। दरअसल वे पूर्व राष्ट्रपति ज़ाकिर हुसैन की इस राय से इत्तफ़ाक़ रखते हैं कि अच्छी शायरी में तीन ख़ूबियाँ होनी चाहिए। पहली तो ये कि आसान हो, दूसरी ये कि दो-तीन बार पढ़ने से याद हो जाए और तीसरी ये कि पढ़-सुनकर लगे कि अरे, मैंने ये क्यों नहीं कहा। ज़ाकिर हुसैन साहब की आख़िरी बात मुझे ग़ालिब के इस मिसरे की याद दिलाती है—

देखना तक़रीर की लज़्ज़त कि जो उस ने कहा
मैं ने ये जाना कि गोया ये भी मेरे दिल में है!

जब मैं सलमान अख़्तर की ग़ज़लों और नज़्मों की अब तक शाया किताबों से गुज़र रहा था तो जाने कितने मिसरों पर अटका और ख़ुद से कहा—कमाल है, ये तो मैं भी कह सकता था, और शायद इसीलिए मेरे दिल में इस इंतख़ाब, इस संकलन का ख़याल आया। मुझे लगा कि एक मुश्किल और पुरमा'नी ज़िन्दगी के तजुर्बों की इस अर्क़कशी से हासिल कुछ कज्जल बूँदों को साझा किया जाए।

अब कुछ बातें शायर के बारे में। यह बात कुछ लोगों के लिए बहसखेज़ हो सकती है कि किताब की तरफ़ से शायर को देखें या शायर की तरफ़ से किताब को, मगर मेरे ख़याल से दोनों तरफ़ें ज़रूरी हैं। क्यों, यह फिर कभी, अभी तो चन्द बातें साहिब-ए-किताब के बारे में। सलमान अख़्तर एक डॉक्टर हैं। थोड़ा और गहरे जाऊँ तो एक मनोचिकित्सक और मनोविश्लेषक (Psychiatrist-Psychoanalyst)। वे मनोचिकित्सक तो भारत में बने मगर जल्द ही अमेरिका चले गए और वहाँ पहुँचकर अपने लिए मनोविश्लेषण (Psychoanalysis) का इलाक़ा चुना और आज वे दुनिया की गिनी-चुनी चन्द बेहद ख़ास शख़्सियतों में

शुमार हैं। उन्हें पढ़ने और सुनने वाले सारी दुनिया में फैले हैं और शायद ही कोई महीना बीतता हो जब वे एक से ज़्यादा मुल्कों में वर्कशॉप या टॉक के लिए न जाते हों। लिखना उनके लिए साँस लेने की तरह है। आप जब उनकी सौ से अधिक किताबों की फ़ेहरिस्त से गुज़रेंगे तो आपको हैरत होगी। इस फ़ेहरिस्त में साइकोअनालिसिस की हार्डकोर टेक्स्ट बुक्स भी हैं और पिछले चालीस-पचास सालों में हुए सामाजिक-सांस्कृतिक बदलावों के मनोवैज्ञानिक अध्ययन भी। अब तक उनके चार सौ से भी ज़्यादा रिसर्च पेपर्स प्रकाशित हो चुके हैं। वे अंग्रेज़ी और उर्दू, दोनों ज़बानों के शायर हैं और सिर्फ़ शायरी की बीस से ज़्यादा किताबें उनके नाम हैं। पुरमा'नी और दिलचस्प बातें करने वाले सलमान साहब ने निजी बातचीत में एक बार कहा था—यह जनम के वक़्त तय हो जाता है कि बंदा सायकाएट्रिस्ट बनेगा या नहीं। एक लम्बे समय से दिली और ज़हनी जुड़ाव के आधार पर कह सकता हूँ कि सलमान अख़्तर का यह मिसरा उनके अन्दरूनी तआरुफ़ जैसा है—

दर्द और लताफ़त का इम्तिज़ाज था उन में
चारागर ना बनते वो तो बताओ क्या बनते!

और यह मिसरा इस इम्तिज़ाज का हौसला :

बानी-ए-करम होते, ख़ालिक़-ए-वफ़ा बनते
ग़म न होते दुनिया में, हम अगर ख़ुदा बनते!

इतना तय है कि 'एक बात कहनी है' के पन्नों पर दर्ज ग़ज़लों-नज़्मों से गुज़रते हुए आपको मज़ा आएगा। अंग्रेज़ी में जिसे कहते हैं smooth sailing, वो भी होगा कई बार। लेकिन जब ऐसा होने लगे तो तनिक ठहरिए और दर्ज अल्फ़ाज़ को महसूस कीजिए। हौले-हौले शायर की तरह ही आपको लगने लगेगा—

ये दिल है इसका दरवाज़ा धीरे-धीरे खुलता है
दस्तक देकर थोड़ा रुकना, फ़ौरन लौट न जाना तुम।

तो साहिबान, शायरी दिल है, सिर्फ़ कहने वाले शायर का नहीं, उस तहज़ीब-ओ-तमद्दुन का भी जिसकी गोद और पालने में कोई शायर पला होता है, और उस ज़ुबान का भी जिसके लहू, पानी और दूध से उसके ज़हन की परवरिश हुई होती है। अब दिल को ही ले

लीजिए, कितना आसान और आम-फ़हम लफ़्ज़ है मगर इसके बारे में सोचिए तो सारा जहान सोच सकते हैं, और कई बार तो वो जहान भी जिसके बारे में सिर्फ़ बातें की जा सकती हैं। सनद रहे कि शायरी जानकारी या सूचना नहीं होती, वह पूरे वजूद से देखी-महसूस की गई होनियों-अनहोनियों की दास्तान होती है। ये दास्तानें ख़्वाब भले न हों मगर इनकी एक ताबीर होती है। अगर अंग्रेज़ी के अल्फ़ाज़ का इस्तेमाल करें तो ये denotative नहीं, connotative होती हैं। सलमान साहब की शायरी भी ऐसी ही दास्तानों का अजायबघर है जहाँ दुनिया की ढेर सारी चीज़ें और चुप्पियाँ आपसे बातें करती हैं। कितनी आसानी से कह जाते हैं वे : *सर झुकाए खड़े हैं सारे पेड़/ और फल सज गए दुकानों पर,* और हम बाज़ार के शोर और पेड़ की ख़ामोश उदासी के बीच अपने फँसे होने को शिद्दत के साथ महसूस करने लग जाते हैं।

'एक बात कहनी है' किताब के नाम पर मत जाइए। पन्ने पलटते हुए जब आप आगे बढ़ेंगे तो बात खुलेगी। अपने कलाम में जनाब शायर ने साफ़-साफ़ कह दिया है कि कोई भी मिसरा एक बात कभी नहीं कहता। हर बयान के पीछे कोई न कोई बात पोशीदा ज़रूर होती है। जब शायर कोई बात कह रहा होता है तो कहे का ज़ाविया बदलकर उसे छुपा भी रहा होता है और इस खेल में जो बाँकपन पैदा होता है वही शायरी का हुस्न है। जहाँ यह बाँकपन नहीं, वहाँ शायरी नहीं। किताब का नाम जिस मिसरे से आया है उसकी पहली लाइन एक और बात कहती है—एक-एक मिसरे में इम्तिहान है दिल का। अर्ज़ करना चाहूँगा कि यह इम्तिहान दोतरफ़ा है—शायर के लिए कहते वक़्त और पढ़नेवाले के लिए उस कहे से गुज़रते वक़्त। इस इम्तिहान में कामयाबी का मतलब उस हासिल से है जो कहे के बाँके हुस्न के पीछे छिपा है। मज़े की बात यह है कि कई बार शायर बस एक तिनका छिपाता है और पढ़ने वाले उस में पूरा जंगल खोज लेते हैं। शायद इसी पोशीदा हुस्न की तरफ़ इशारा करते हुए मिर्ज़ा ग़ालिब ने फ़रमाया था—शायरी मानी आफ़रीनी (अर्थ-सौन्दर्य) है, क़ाफ़ियापैमाई (छंद की नाप) नहीं। उम्मीद है, आप जब इन पन्नों से गुज़रेंगे तो आप की मुलाक़ात शायर के छुपाए मा'नियों से भी होगी और उनसे भी जो आपके भीतर पोशीदा हैं। एक बहुत सादा शेर पेश कर रहा हूँ—

छोड़कर जिसको चले आए हैं बेरहमी से
हाय उस शहर में थे अपने ठिकाने क्या

एक के बाद दूसरे कन्वेअर बेल्ट पर फिंकती ज़िन्दगियों के दौर में कौन ऐसा है जिसने किसी न किसी शहर को बेरहमी से नहीं छोड़ा है। इस मिसरे में शायर ने भले अपने ठिकानों के लिए आह भरी है, मगर ऐसे ठिकाने तो हम सब के हैं।

या फिर यह मिसरा देखिए—

जाने किस ख़ौफ़ ने ताउम्र मुसाफ़िर रक्खा
गो कोई हर्ज न था लौट के घर आने में

पिछले मिसरे में जो इशारा ठिकानों की तरफ़ था, इस में वह ख़ौफ़ की तरफ़ है। जितने चेहरे उतने ख़ौफ़। जितने पढ़नेवाले उतने मा'नी। जैसे उपजाऊ ज़मीन पर उगा गेहूँ या बाजरे का एक पौधा बहुत सारे दाने बिखेर दे।

ज़हनी बीमारियों के वर्गीकरण (Classifications) के बारे में मेरे एक सवाल के जवाब में सलमान अख़्तर ने एक बार कहा था—सारे क्लैसिफ़िकेशंस बाहरी हैं। एक बार इन्सान के भीतर उतर गए तो सारे लेबल्स बेमा'नी हो जाते हैं। यही बात उनकी शायरी के बारे में कही जा सकती है। वे बाहरी जद्द-ओ-जहद के नहीं, भीतरी कशमकश के शायर हैं। अगर कुछ कहना ही हो तो उन्हें जदीद (आधुनिक) शायर कहना होगा क्योंकि उनकी शायरी उनके उस अचेतन (अनकॉन्शस) से आई है जिसे भारत ने गढ़ा है और अमेरिका सहित सारी दुनिया ने जिसे कुछ-कुछ खिलाया-पिलाया है। यानी यह एक ऐसे शायर के कलाम की किताब है जिसने न सिर्फ़ सारी दुनिया देखी है बल्कि बदलावों से भरे पिछले साठ-सत्तर साल भी।

उनकी शायरी यह तो नहीं बताती कि वे भारत छोड़कर अमेरिका क्यों जा बसे, मगर यह यक़ीनन बताती है कि वे वहाँ पूरी तरह कभी नहीं गए। जैसे एक लड़का अपनी माँ की तरफ़ बारहा लौटना चाहता है, वे भारत लौटते हैं। न सिर्फ़ शायरी में, ज़िंदगी में भी। मिसाल के तौर पर दो मिसरे पेश हैं :

सिद्धार्थ की तरह ये महल छोड़ता हूँ मैं
अब बन के बुद्ध दर्द के जंगल से आऊँगा!

तुमने तो सब रामकहानी दुनिया-भर में फैला दी है
रावण भी कुछ कहता होगा, मीर कभी सोचा है तुमने!

चूँकि मुझे उनके साइकोऐनलिटिक वर्क्स से भी गुज़रने का मौक़ा मिला है इसलिए कह सकता हूँ कि उनकी ज़हनी सोच-समझ का सफ़र भी एक भारतीय का सफ़र है और वे सारी दुनिया से एक भारतीय चिन्तक की तरह बात करते हैं। फ्रायड जिन्हें वे अपने साइकोऐनलिटिक अवतार में प्यार से पापा कहते हैं उन्हें भी एक किताब के उन्वान में गंगा किनारे टहला देते हैं। मेरा इशारा उनकी किताब 'Freud Along Ganges' की तरफ़ है।

यूँ तो बहुत कुछ है मगर एक बात की तरफ़ इशारा ज़रूर करना चाहूँगा। प्रवास (migration) और विस्थापन (Displacement) हमारे समय की बड़ी चुनौती है। अब इसे नेमत कहें या ट्रैजेडी, यह इस बात से तय होता है कि आप अपने हासिल को कैसे देख रहे हैं। जिन्हें चीज़ों पे नाज़ है, मुमकिन है, वे इसे नेमत कह लें; मगर जिन्हें दिल-ओ-दिमाग़ की फ़िक्र है वे इसके भीतर की ट्रैजेडी को चीन्हे और बयान किए बिना रह नहीं सकते। चंद अश'आर पेश हैं :

बस एक हम थे जो घर छोड़कर चले आए
हमारे शहर से हिजरत की रस्म आम न थी

सीखी नयी ज़बान वतन से जुदा हुए
जीने की दौड़-धूप में हम क्या से क्या हुए

पहले तो मुझको थोड़ा डर सा लगा
बाद में रास्ता भी घर सा लगा

कभी शहर हम को अजब लगा, कभी ठीक मकान न मिल सका
कभी हमकलाम न हो सके, कभी हमज़बान न मिल सका

वैसे सलमान अख़्तर की यह हिजरत बेमक़सद नहीं। ये शेर देखिए :

इक तरफ़ जान पे भारी मंज़र
इक तरफ़ हौसला बीनाई का

मगर इस जदीद ज़हन (मॉडर्न माइंड) का हाल तो देखिए :

इक तरफ़ नाज़-ए-रिफ़ाक़त सब से
इक तरफ़ ज़ोम है यकताई का

लेकिन जब शायर की इस बेफ़िक्री से मुलाक़ात होती है तो लब ब दुआ होने को जी चाहता है :

खो गए हैं तो घूम लें दुनिया
राह ढूँढेंगे घर की फ़ुर्सत से!

और यह मुहब्बत भी दिल को गहरे छूती है :

तिलिस्म तिश्नालबी ने रचाए हैं क्या-क्या
हरेक शख़्स यहाँ आशना लगे है मुझे!

ज़मीन एक सी है आसमान एक सा है
जो दिल से देखो तो सारा जहान एक सा है!

कहना तो बहुत कुछ चाहता हूँ, मगर ईमान क़लम के कानों में कह रहा—यार, यह तुम्हारी किताब नहीं। शुक्रिया अदा करो और बीच से हटो। सो अब यही।

शुक्रिया सलमान अख़्तर साहब कि आपने मुझे अपनी शायरी के सरमाये में घुसने और अपनी मर्जी से चीज़ें चुनने की इजाज़त दी। शुक्रिया स्टार पब्लिकेशन्स और अमरनाथ वर्मा साहब कि आपने सलमान साहब की किताबें उपलब्ध कराईं। शुक्रिया संजय कुमार कुंदन जी कि आपने प्रूफ रीडिंग और मुश्किल अल्फ़ाज़ के सटीक मानियों को दर्ज करने में मेरी मदद की।

शुक्रिया अशोक महेश्वरी जी कि कोरोना के मुश्किल वक़्त के बाद सलमान साहब की पहली भारत-यात्रा के मौक़े पर हम किताब रिलीज कर पा रहे हैं। बिना आपके सहयोग के यह मुमकिन न होता। और आपको भूला नहीं हूँ सत्यानंद निरुपम जी, आपके अन्तिम सम्पादन के बिना न तो किताब सुन्दर होती और न ही निर्दोष।

पटना
9 जून, 2022

—विनय कुमार

क्रम

ग़ज़ल

जीना अज़ाब क्यों है, ये क्या हो गया मुझे 21
कब लौट के आओगे बता क्यों नहीं देते 22
फिर बन गए हम अजनबी, अच्छा चलो यूँ ही सही 23
करके लोगों से वो इक शख़्स बहाने क्या क्या 24
वैसे तो अपने दिल में जो चाहो सो ठान लो 25
दवा-ए-इश्क़ को कड़वा कहूँ, तो झूठ कहूँ 26
ख़्वाबों के आसरे पे बहुत दिन जिए हो तुम 27
सच बात जो कहते हैं, जो बेबाक बहुत हैं 28
बड़ी मुश्किल लड़ाई लड़ रहा हूँ 29
तेग़ खींचे हुए खड़ा क्या है 33
दर्द, उलझन, तड़प, रंज, आह-ओ-फ़ुग़ाँ... 34
सीखी नई ज़बान, वतन से जुदा हुए 35
दुश्मनी उनसे ही ग़ज़ब की थी 36
अपनी तो क़ब्र पर तय है कि ये कतबा होगा 37
सिल गए लब मेरे बिछड़ते वक़्त 38
कौन समझा कि ज़िंदगी क्या है 39
जो फ़िक्र-ए-सूद ओ हिसाब-ए-ज़ियाँ में रहता है 40
ख़्वाबों से गर रिश्ता तोड़ें, तब शायद कुछ बात बने 41
मुद्दत से हूँ ख़्वाबीदा, मुझे आके जगा दे 42
उदास आँखें न थीं, तल्ख़ी-ए-कलाम न थी 45
इक तरफ़ रंज है तन्हाई का 46
ख़ुद को बाहर से तो मज़बूत बनाए रक्खूँ 47
तुम से जो हो सके करो, चाहे जफ़ा करो 48

इसी तरह से तिरा कुछ पता लगे है मुझे 49
पहले तो मुझ को थोड़ा डर सा लगा 50
कभी-कभी मतलब की ख़ातिर जान के धोखा खाना तुम 51
जिस का दामन छुआ यहाँ नम था 52
लाख ग़म का सबब कहा जाए 53
इक तू ही इस जहान में अच्छा लगा मुझे 54
अंदर का शोर अच्छा है थोड़ा दबा रहे 57
ज़ख़्म ख़ुर्दा न था, उदास न था 58
मैं चलते-चलते राह, अचानक ठहर गया 59
सामने दीवार थी, उस पर कोई साया न था 60
यूँ तो वो पास कब नहीं होता 61
जिन्हें क़िस्से सुनाने हैं बहुत से 62
कैसे हो, क्या है हाल, मत पूछो 63
ख़्वाबों से इतनी ज़्यादा मोहब्बत फ़िज़ूल है 64
मुझे तो ख़ुद पे भरोसा नहीं रहा साईं 67
कुछ सलीक़े बुनियादी, दोस्ती में काफ़ी हैं 68
क्या हक़ीक़त है और गुमां क्या है 69
हम ने तो उम्र गुज़ारी है तुम्हारे बन कर 70
बातें नई थीं लोग भी अनजान से लगे 71
या तो ज़ख़्मों को बेनक़ाब करें 72
सितम का ज़िक्र करो शौक़ से ज़माने में 73
मिरी ख़ुशी है कमाल उनका 74
यूँ तो दुनिया में बेनज़ीर हूँ मैं 75
उनसे अकसर मिलती हैं और गहरी बातें करती हैं 76
कभी शहर हम को अजब लगा, कभी ठीक मकान न मिल सका 79
अब वो पहली सी आन-बान नहीं 80
ज़रा-सा वक़्त ज़माने से गर उधार लिया 81
दामन में सौ चाँद सितारे ढेर सी ख़ुशबू लाता है 82
रम्ज़ में और इस्तिआरे में 83
सहर को शाम, भरी दोपहर को शब कहिये 84
इतना तो एहतेराम रहने दो 85
ये दिल का क़िस्सा भी कितना अजीब है यारो 86

ज़मीन एक सी है, आसमान एक सा है 87
मैं दिल के ज़ख़्मों को दिखलाता तो कहाँ साईं 88
बानी-ए-करम होते, ख़ालिक़-ए-वफ़ा बनते 91
उदास रहने की दिल को अजीब आदत है 92
कोई आये, कोई कमाल करे 93
तुम से जुदा हुए तो किसी के न हो सके 94
जो रंग सारे ज़माने को अच्छा लगता है 95
बज़्म में जब मिरी कमी होगी 96
अगर दिल में अदावत है, तो देखो साफ़ कह दो 97
हमको उससे शिकवा क्या था, अब तो ये भी याद नहीं है 98
मदद करना अगर आसान होता 101
बेवजह ज़ुल्म सहने की आदत नहीं रही 102
जिस्म की प्यास को इज़हार-ए-वफ़ा समझा था 103
पुरसुकून ज़िन्दगी, एक ख़्वाब है गोया 104
मैं तुझ से लाख बिछड़कर यहाँ-वहाँ जाता 105
मोहल्ले और घराने ढूँढते हैं 106
सिर्फ़ शिकवों से कहानी नहीं पूरी होगी 107
कुछ छूट गया, कुछ टूट गया 108
झूठी उम्मीद की उँगली को पकड़ना छोड़ो 109
गर हवा पे न यूँ सवार रहो 113
हम जो पहले कहीं मिले होते 114
कुछ तो मैं भी डरा-डरा सा था 115
बहुत क़िस्से से बहुत फ़साने कभी किसी से कहे नहीं हैं 116
वो चाहता है, मगर पास आ नहीं सकता 117
किस मंज़िल तक जा न सकेंगे, क्या क्या देख न पायेंगे 118
दर्द जब शायरी में ढलते हैं 119
तुमसे क्या छुपाना है, तुम तो जानती हो सब 120
गो आदत अब भी है हमें बे ख़ौफ़-ओ-ख़तर मयनोशी की 123
दाइम सराब इक मिरे अंदर है क्या करूँ 124
दिन काट लें हम चाहे कोई काम किए बिन 125
गुड्डे गुड़िया का तमाशा नहीं, सच्चाई है 126
ये अलग बात है कि वह मुझसे ख़फ़ा रहता है 127

थे बस्ती में लोग बहुत, पर अपना कोई नहीं निकला 128
हर वज़अ के लोगों से हमने दोस्ती की है 129
देखने में जो हर इक शख़्स से बेहतर निकला 130
वो पास रह के भी मुझ में समा नहीं सकता 131
दूसरों की बातों में कुछ तो सच रहा होगा 132
उसने कोशिश तो बहुत की कि भुला दे मुझको 133
शम्अ उम्मीद की जला तो दे 134
आदमी ख़ुद से जब नहीं मिलता 135
ऐसा नहीं कि जो हुआ अच्छा नहीं हुआ 136
बाइसे-इज़्तराब लिक्खेंगे 137
क्यों ये फ़ासला सा है, तेरे मेरे दरमियां 138
वो जिस ने खुल के हम से दुश्मनी की 139
है दिल में किसकी मुहब्बत, जरा बताओ तो 140
इक इसी बात का तो रोना है 141
वो चारागर न सही, साहिबे-कमाल तो है 142
जितने दिये थे आस के सारे बुझा दिये 143
आधे-अधूरे हम भी थे, आधा-अधूरा वो मिला 144
बचपना छोड़ें और बड़े हो जायें 145
था ख़ुद पे एतबार मगर अब नहीं रहा 146
यूँ तो शाम-ए-ग़ुरबत का सख़्त ग़म है लोगों को 147
कुछ नहीं बचा यारो, कुछ नहीं रहा बाक़ी 148
जिस को दिल का बड़ा नहीं समझा 149
जो बात सच है वो इक दिन बताई जायेगी 150
मुद्दतों से पोशीदा पीछे चिलमनों के थे 153
दिले-कम्बख़्त और तनहाई 154
कई झगड़ों से हम बचे भी हैं 155
न हमख़याल है कोई न हमज़ुबां कोई 156
दोस्ती कुछ नहीं उल्फ़त का सिला कुछ भी नहीं 157
कहो तो आज बता दें तुम्हें हक़ीक़त भी 158
जागते में भी ख़्वाब देखे हैं 159
तेज़ बारिश में भीगता है कौन 160
अश्कों से दामन भर लिया, लो फिर से तुमने मीर जी 163

कैसे कटेगी रात बताओ, मीर बड़ी तनहाई है 164
जल्द भरोसा कर लेते हैं, मीर जी कितने सादा दिल हैं 165
क़िस्मत में थी आशुफ़्तासरी मीर की तरह 166
ताल नई औ' धुन मतवाली, सुनते मीर तो क्या क्या कहते 167
ख़ुद को न दे पाओगे धोखा, मीर के जब अश'आर पढ़ोगे 168
सच बता दे तुझे मिला क्या है, मीर साहब से दोस्ती करके 169
शहरे-दिल्ली भी शहरे-दिल न रहा, मीर साहब ज़माना नाज़ुक है 170
फ़नकारी की इज़्ज़त क्या है, मीर बेचारा जाने है 171
या है पड़ा हुआ तेरे फ़ाटक के पास मीर 172
क्यों ग़म सहे हैं इस क़दर, कुछ तो बताओ मीर जी 173
ख़त्म कहीं तो दरिया होगा, मीर कभी सोचा है तुमने 174
उमर जितनी हुबाब की है मीर 175
बज़्में-अफ़कार पे बिजली सी गिरी, मीर के बाद 176
पहले जो हाल था है अब, मीर जी क्या छुपाइये 177
उर्दूदानों के घर-घर है, मीर कहानी, मीर कहानी 178

चन्द तन्हा शे'र

चन्द तन्हा शे'र 183

नज़्म

सबक़ 191
आधे-अधूरे 192
कच्चे धागे 193
फ़र्क़ 194
दरख़्वास्त 195
दूर के ढोल 196
18 जनवरी सन् 1953 197
देखने में तो कोई फ़र्क़ नहीं 198

ग़ज़ल

दरवाज़े आँखें बंद किए ऊँघते रहे
खिड़की के रास्ते से कोई घर में आ गया

1

जीना अज़ाब[1] क्यों है, ये क्या हो गया मुझे
किस शख़्स की लगी है भला बद्दुआ मुझे

बनना पड़ा है आप ही अपना ख़ुदा मुझे
किस कुफ़्र की मिली है ख़ुदारा सज़ा मुझे

निकले थे दोनों भेस बदल कर तो क्या अजब
मैं ढूँढता ख़ुदा को फिरा और ख़ुदा मुझे

पूजेंगे मुझको गाँव के सब लोग एक दिन
मैं इक पुराना पेड़ हूँ, तू मत गिरा मुझे

इस घर के कोने-कोने में यादों के भूत हैं
अलमारियाँ न खोल, बहुत मत डरा मुझे

ये कह के मैंने रक्खा है हर आईने का दिल
अगले जनम में रूप मिलेगा नया मुझे

तू मुतमइन नहीं, तो मुझे कब है ऐतराज़
मिट्टी को फिर से गूँध मिरी, फिर बना मुझे

---

1. पाप से मिलने वाला दुःख

2

कब लौट के आओगे बता क्यों नहीं देते
दीवार बहानों की गिरा क्यों नहीं देते

तुम पास हो मेरे तो पता क्यों नहीं चलता
तुम दूर हो मुझ से, तो सदा क्यों नहीं देते

कुछ घुट सी गई हैं मिरे जज़्बात की साँसें
तुम अपने इरादों की हवा क्यों नहीं देते

इक अपने सिवा और किसी को भी न चाहा
ये बात ज़माने को बता क्यों नहीं देते

बाहर की हवाओं का अगर ख़ौफ़ है इतना
जो रौशनी अंदर है, बुझा क्यों नहीं देते

3

फिर बन गए हम अजनबी, अच्छा चलो यूँ ही सही
फिर बुझ गई हर रौशनी, अच्छा चलो यूँ ही सही

कुछ रोज़ गुज़रे चैन से, फिर दिन भी निकले रैन से
तारीकी[1] हर सू छा गई, अच्छा चलो यूँ ही सही

कुछ और ही गो दिल में हो, मिलना फ़क़त महफ़िल में हो
ऐसे गुज़ारें ज़िंदगी, अच्छा चलो यूँ ही सही

कुछ नाम थे जिन पर खुदे, वो पेड़ कब के कट गए
अब उस जगह है इक गली, अच्छा चलो यूँ ही सही

कुछ ज़ख़्म सीने के लिए, कुछ अश्क पीने के लिए
सौग़ात ये तुम से मिली, अच्छा चलो यूँ ही सही

कुछ लोग अच्छे भी तो हैं, कुछ ख़्वाब सच्चे भी तो हैं
ये बात भी दिल से गई, अच्छा चलो यूँ ही सही

---

1. अँधेरा

4

करके लोगों से वो इक शख़्स बहाने क्या क्या
पूछता होगा मेरे बारे में जाने क्या क्या

सामने घर के, जनाज़े पे बड़ा मातम था
बंद दरवाज़े के पीछे था, न जाने क्या क्या

दो घड़ी नींद मयस्सर नहीं होती उसको
जिसने देखे थे कभी ख़्वाब सुहाने क्या क्या

मत अलीगढ़ की तरफ़ तिरछी नज़र से देखो
दफ़्न उस दश्त[1] में हैं अपने ख़ज़ाने क्या क्या

छोड़कर जिस को चले आए हैं बेरहमी से
हाय उस शहर में थे अपने ठिकाने क्या क्या

---

1. जंगल

5

वैसे तो अपने दिल में जो चाहो सो ठान लो
वापिस कभी न आएँगे हम लोग, जान लो

अब हारने लगे तो उदासी की हद नहीं
किसने कहा था अपना भी तुम इम्तिहान लो

औरों को कब ख़बर है भला मेरे क़त्ल की
मैं ही बस इक गवाह हूँ, मेरा बयान लो

दिल की तो ख़ैर तुमने सुनी ही नहीं कभी
दुनिया की बात चंद घड़ी को तो मान लो

आदाब[1] ज़िंदगी के हैं गर सीखने तुम्हें
बाज़ार के क़रीब लो, अब जो मकान लो

1. शिष्टाचार

6

दवा-ए-इश्क़ को कड़वा कहूँ, तो झूठ कहूँ
पर अपना हाल भी अच्छा कहूँ, तो झूठ कहूँ

वो पूरी तरह से मेरा नहीं हुआ अब तक
मगर मैं उस को पराया कहूँ, तो झूठ कहूँ

ये जिस्म-ओ-जाँ तो किसी और की अमानत हैं
मैं अपने आप को अपना कहूँ, तो झूठ कहूँ

खिलें हैं इसमें तवक़्क़ो[1] के फूल हर जानिब
मैं इंतज़ार को सहरा[2] कहूँ, तो झूठ कहूँ

ज़रा भी प्यार नहीं मुझ को, कुछ लगाव नहीं
मैं उसके बारे में ऐसा कहूँ, तो झूठ कहूँ

---

1. अपेक्षा, 2. मरुभूमि

7

ख़्वाबों के आसरे पे बहुत दिन जिए हो तुम
शायद यही सबब है कि तन्हा रहे हो तुम

पूछा है अपने आप से मैं ने हज़ार बार
मुझ को बताओ तो सही क्या चाहते हो तुम

ख़ाली बरामदों ने मुझे देख कर कहा
क्या बात है उदास से कुछ लग रहे हो तुम

घर के लबों पे आज तक आया न ये सवाल
होकर कहाँ से आए हो, क्या थक गए हो तुम

अपने से कोई बात छुपाई नहीं कभी
ये भी फ़रेब ख़ुद को बहुत दे चुके हो तुम

8

सच बात जो कहते हैं, जो बेबाक बहुत हैं
अफ़सोस वही लोग तो चालाक बहुत हैं

माना कि सितम उस ने किए हम पे हज़ारों
ख़ुद हम भी मगर सच है कि सफ़्फ़ाक[1] बहुत हैं

अब डूब के मर जाना भी आसान नहीं है
दरिया में बहुत कश्तियाँ, तैराक बहुत हैं

कुछ दोस्त बहुत गहरे कहीं छूट गए हैं
कुछ साल मिरी उम्र के ग़मनाक बहुत हैं

इक अपने सिवा और किसी से न डरे हम
जज़्बात हमारे ही ख़तरनाक बहुत हैं

1. कठोर

9

बड़ी मुश्किल लड़ाई लड़ रहा हूँ
मुझे लगता है मैं कुछ थक गया हूँ

न जाने कौन सी शय खो गई है
मैं जिस को दूसरों में ढूँढता हूँ

महीनों बात तक होती नहीं है
मैं अपने आप से कितना ख़फ़ा हूँ

मुझे तोड़ो, बिखेरो या समेटो
तुम्हारे पास लो फिर आ गया हूँ

मेरे जज़्बात मेरे ही नहीं हैं
तुम्हारा भी तो मैं इक आईना हूँ

अगर सोचूँ तो डर लगता है मुझको
मैं कितने झूठ हर पल जी रहा हूँ

नदी के पास इक मंदिर पुराना
तुम्हारे साथ गोया मैं खड़ा हूँ

गो बाग़ लिख गया वो वसीयत में मेरे नाम
जो पेड़ मुझ को प्यारे थे, सारे गिरा दिए

10

तेग़[1] खींचे हुए खड़ा क्या है
पूछ मुझ से मिरी सज़ा क्या है

ज़िंदगी इस क़दर कठिन क्यूँ है
आदमी की भला ख़ता क्या है

जिस्म तू भी है जिस्म मैं भी हूँ
रूह इक वहम के सिवा क्या है

आज भी कल का मुंतज़िर[2] हूँ मैं
आज के रोज़ में नया क्या है

आइए बैठ कर शराब पिएँ
गो कि इसका भी फ़ायदा क्या है

1. तलवार, 2. प्रतीक्षारत

11

दर्द, उलझन, तड़प, रंज, आह-ओ-फ़ुग़ाँ[1], इन को ही ज़िंदगी का सिला जानिये
एक बेनाम ग़म, एक ख़ाली मकां, इन को ही ज़िंदगी का सिला जानिये

आके अल्फ़ाज़ होंठों पे थम से गए, अश्क बेनूर आँखों में जम से गए
नामुकम्मल ग़ज़ल, अनकही दास्ताँ, इनको ही ज़िंदगी का सिला जानिये

इक कहानी हुई छाँव बरगद की अब, खो गए खेत-खलिहान नाना के सब
शहर के चोंचले, भीड़, तन्हाइयाँ, इनको ही ज़िंदगी का सिला जानिये

शम्ए उम्मीद भी हो चुकी कब की गुल, और टूटे सभी रिश्तेदारी के पुल
नारसाई[2] का ग़म, शिकवा-ए-दिलबरां, इनको ही जिंदगी का सिला जानिये

खुल चुके हम पे सब दोस्ती के फ़रेब, आशनाई के सारे फ़राज़-ओ-नशेब[3]
काम आयेंगी अब सिर्फ़ अय्यारियाँ[4], इनको ही ज़िंदगी का सिला जानिये

1. आह और आर्तनाद, 2. पहुँच से बाहर/अप्राप्य, 3. उत्थान-पतन, 4. चालाकियाँ

12

सीखी नई ज़बान, वतन से जुदा हुए
जीने की दौड़-धूप में हम क्या से क्या हुए

फ़ुटपाथ पर पड़े थे तो खाते थे ठोकरें
मन्दिर में आके बैठ गए और ख़ुदा हुए

शाखें पुकारती रहीं पीपल के पेड़ की
पत्ते की तरह ले उड़े तुझको, हवा हुए

तबदीलियाँ न पूछिए उनके मिज़ाज की
लू बन गए कभी, कभी बाद-ए-सबा[1] हुए

परछाईं बन के साथ रहे तेज़ धूप में
बीमार दोस्तों के लिए हम दवा हुए

---

1. सुबह की हवा

13

दुश्मनी उनसे ही ग़ज़ब की थी
जान-पहचान जिन से कब की थी

अब कहाँ दिल में प्यार की बातें
वो कहानी तो एक शब की थी

कोई दुनिया से ख़ुश नहीं उट्ठा
जेब ख़ाली, चले तो सब की थी

कुछ तो मैं भी उदास था उस रात
कुछ वो महफ़िल अजीब ढब की थी

उससे मिलने गया तो ख़ाली हाथ
शक्ल ये भी मेरी तलब की थी

14

अपनी तो क़ब्र पर तय है कि ये कतबा[1] होगा
"इक न इक दिल में तो ये आदमी ज़िंदा होगा"

फ़र्क़ इतना है कि आँखों से परे है वर्ना
रात के वक़्त भी सूरज कहीं जलता होगा

खिड़कियाँ देर से खोलीं, ये बड़ी भूल हुई
मैं ये समझा था कि बाहर भी अँधेरा होगा

कौन दीवानों का देता है यहाँ साथ भला
कोई होगा मिरे जैसा तो अकेला होगा

छोड़ के जिस को कभी लोग न जाते होंगे
सारी दुनिया में कोई शहर तो ऐसा होगा

---

1. समाधि लेख

15

सिल गए लब मेरे बिछड़ते वक़्त
ख़ुद से लिपटा रहा बिखरते वक़्त

फल पका जब तो पेड़ से टूटा
जीना आया मुझे तो मरते वक़्त

काश ऐसी भी एक शाम आए
उस को याद आऊँ मैं सँवरते वक़्त

मैं भी हँसता पड़ोसियों की तरह
मुझ पे ऐसे न गर गुज़रते वक़्त

मेरे चारों तरफ़ जो बिखरा है
मुझ को याद आए सिर्फ़ डरते वक़्त

16

कौन समझा कि ज़िंदगी क्या है
रंज होता है क्यों, ख़ुशी क्या है

जिन के सीनों पे ज़ख़्म रौशन हों
उन को रातों की तीरगी[1] क्या है

लोग, क़िस्मत, ख़ुदा, समाज, फ़लक
आगे इन सब के आदमी क्या है

राज़ कैसे हैं दिल में पोशीदा[2]
दुश्मनी क्यों है, दोस्ती क्या है

हम बहुत दिन जिये हैं दुनिया में
हम से पूछो कि ख़ुदकुशी क्या है

---

1. अँधेरा, 2. छिपा हुआ

17

जो फ़िक्र-ए-सूद ओ हिसाब-ए-ज़ियाँ[1] में रहता है
तमाम उम्र कड़े इम्तिहाँ में रहता है

यक़ीं के घर से निकाला गया था ख़ाली हाथ
गली के मोड़ पर वहम-ओ-गुमाँ[2] में रहता है

जिसे कभी नहीं देखा, कहीं नहीं पाया
इक ऐसा शख़्स भी दिल के मकां में रहता है

अजब नहीं कि कोई लुत्फ़ वो भी पाता हो
जो रंज-ओ-दर्द में, आह-ओ-फ़ुग़ाँ[3] में रहता है

हज़ार साँप सवालों के, उस को डसते हैं
वो कौन, कब तलक, कैसे, कहाँ में रहता है

---

1. लाभ की चिन्ता और हानि का हिसाब, 2. भ्रम और संदेह, 3. आह और आर्तनाद

18

ख़्वाबों से गर रिश्ता तोड़ें, तब शायद कुछ बात बने
दिल की बातें सुनना छोड़ें, तब शायद कुछ बात बने

अपने हाथ में कब होती है, दुख-सुख की हर इक रेखा
अपना दुख-सुख सब से जोड़ें, तब शायद कुछ बात बने

बच्चों जैसी बातें लब पर, दिल में अय्यारी के खेल
उन दिनों को पीछे छोड़ें, तब शायद कुछ बात बने

कब तक झूठ का मीठा मरहम, ज़ख़्म का दिल बहलायेगा
कड़वे सच से मुँह ना मोड़ें, तब शायद कुछ बात बने

कौन हमारे आँसू पोंछे, सब के दामन भीगे हैं
अपना दामन आप निचोड़ें, तब शायद कुछ बात बने

19

मुद्दत से हूँ ख़्वाबीदा, मुझे आके जगा दे
ऐ इश्क़ मेरे दिल में फिर इक आग लगा दे

मैं राज़ लिये तेरा कलेजे ही में मर जाऊँ
तू मेरी कहानी भरी महफ़िल में सुना दे

मैं दर्द के जंगल से कहाँ जाऊँ निकल कर
तू साथ मेरे चल, तू मुझे राह दिखा दे

मैं उतने दिनों और तेरी राह तकूँगा
तू जितने दिनों और न मिलने की सज़ा दे

मैं सूखा हुआ पेड़ हूँ, साया भी न दूँगा
तू काट दे मुझ को, किसी चूल्हे में जला दे

मैं तेरे सिवा और किसी को भी न चाहूँ
तू मुझ से जुदा हो तो हज़ारों को सदा दे

जो छुपाने की थी वो बात बता दी मुझको
ज़िंदगी तू ने बहुत सख़्त सज़ा दी मुझको

20

उदास आँखें न थीं, तल्ख़ी-ए-कलाम[1] न थी
थे ऐसे दिन भी, हमें ज़िंदगी हराम न थी

तुम्हारे लम्स[2] का मरहम चिराग़ बन के मिले
हमारे ज़ख़्म की क़िस्मत में ऐसी शाम न थी

जहाँ पे दफ़्न थे घर के हमारे सारे बुज़ुर्ग
वहाँ की कोई भी कोठी हमारे नाम न थी

हम अपने दर्द को दिल से लगाए बैठे रहे
हमारे पास कोई शक्ल-ए-इन्तक़ाम न थी

बस एक हम थे जो घर छोड़ कर चले आए
हमारे शहर से हिजरत[3] की रस्म आम न थी

1. वार्तालाप की तिक्तता, 2. स्पर्श, 3. प्रवास

21

इक तरफ़ रंज है तन्हाई का
इक तरफ़ ख़ौफ़ शनासाई[1] का

इक तरफ़ ज़ख़्म है दिल पे कारी
इक तरफ़ शौक़ मसीहाई का

इक तरफ़ जिस्म की पैहम[2] तकरार
इक तरफ़ मसअला रुस्वाई का

इक तरफ़ जान पर भारी मंज़र
इक तरफ़ हौसला बीनाई[3] का

इक तरफ़ नाज़-ए-रिफ़ाक़त[4] सब से
इक तरफ़ ज़ोम[5] है यकताई[6] का

---

1. परिचय, 2. निरन्तर, 3. दृष्टि, 4. दोस्ती का अभिमान, 5. घमंड, 6. अकेलापन

22

ख़ुद को बाहर से तो मज़बूत बनाए रक्खूँ
अपने अंदर की कमी सब से छुपाए रक्खूँ

जो मुझे छोड़ गया, लौट के फिर आयेगा
आस झूठी सही, पर आस लगाए रक्खूँ

अपने अंजाम की मुझ को भी ख़बर है लेकिन
दिल में उम्मीद की इक शम्अ जलाए रक्खूँ

और कुछ देर जो है सच, वो छुपाऊँ दिल में
और कुछ रोज़ यूँ ही घर को सजाए रक्खूँ

वो भी औरों की तरह जान ही लेगा मुझ को
फिर भी, कुछ देर तो बातों में लगाए रक्खूँ

23

तुम से जो हो सके करो, चाहे जफ़ा करो
मजबूरियों का उज़्र[1] न मुझ से किया करो

बेवजह गर सताए तुम्हें कोई बज़्म में
ख़ामोश मत रहा करो, कुछ कह दिया करो

है ज़िंदगी में धूप बहुत तेज़ दोस्तो
साये में कभी अपने ही सुस्ता लिया करो

मंज़िल के आस-पास भी थी भीड़ इस क़दर
हर शख़्स कह रहा था, हटो, रास्ता करो

जो खिड़कियाँ खुली थीं वो कहने लगीं कि आओ
ख़ाली है ये मकान, इसी में रहा करो

---

1. बहाना

24

इसी तरह से तिरा कुछ पता लगे है मुझे
हर एक ज़ख़्म तिरा नक़्श-ए-पा[1] लगे है मुझे

कहीं भी जाऊँ, है ख़ुद से फ़रार नामुमकिन
हर एक सिम्त[2] कोई आईना लगे है मुझे

मैं जैसे ख़ुद से बिछड़ कर चला हूँ तेरी तरफ़
क़दम-क़दम पे कोई रोकता लगे है मुझे

तिलिस्म तिश्नालबी[3] ने रचाए हैं क्या क्या
हर एक शक्ल यहाँ आशना[4] लगे है मुझे

मैं अपनी रूह के गुम्बद में गूँज सुनता हूँ
तमाम जिस्म तेरा बोलता लगे है मुझे

---

1. पदचिन्ह, 2. ओर, 3. प्यास, 4. परिचित

25

पहले तो मुझ को थोड़ा डर सा लगा
बाद में रास्ता भी घर सा लगा

मैं भी आमादा था बिछड़ने पर
वो भी बाँधे हुए कमर सा लगा

जिंदगी गो थमी-थमी सी थी
लम्हा-लम्हा मगर सफ़र सा लगा

जो मेरे आँसुओं से दूर रहा
उस का दामन भी मुझ को तर सा लगा

उस के हाथों फ़रेब खाए बहुत
देखने में जो मोतबर[1] सा लगा

1. विश्वस्त

26

कभी-कभी मतलब की ख़ातिर जान के धोखा खाना तुम
अच्छे लोग भी हैं दुनिया में, लेकिन भूल न जाना तुम

आगे राह भी मुश्किल होगी, और मेरा भी साथ नहीं
ख़ुद से किये वादों को भूलो, इतना मत घबराना तुम

ये दिल है इस का दरवाज़ा धीरे-धीरे खुलता है
दस्तक देकर थोड़ा रुकना, फ़ौरन लौट न जाना तुम

तुम मज़बूत बने रहना जब जाने का वक़्त आ जाए
उस को भी कुछ ढाढ़स देना, ख़ुद को भी समझाना तुम

अच्छी चीज़ बचा कर रखना, मेरी पुरानी आदत है
जब हर साथी छूट चुका हो, तब मेरे काम आना तुम

27

जिस का दामन छुआ यहाँ नम था
सारी दुनिया का एक मौसम था

दिल में अपने भी झाँक कर देखा
हर तरफ़ एक हू का आलम था

जिस्म ही चुप नहीं थे पिछली रात
रूह का साज़ भी तो मद्धम था

इस जहाँ का हर आदमी मुझ को
आईना एक क़द्द-ए-आदम था

जो रहा है बहुत ख़फ़ा हम से
काश कह दे ख़फ़ा वो कुछ कम था

28

लाख ग़म का सबब कहा जाए
कैसे मुमकिन कि सब कहा जाए

आर[1] उस को भी पूछने में है
और मुझ से भी कब कहा जाए

क़ैद मज़मून की नहीं, लेकिन
शर्त है बाअदब कहा जाए

सानिहा[2] क्या गुज़र गया दिल पर
किस तरह और कब कहा जाए

मुंतज़िर[3] हर्फ़-ए-आश्ना[4] की रात
हाल-ए-दिल ज़ेर-ए-लब[5] कहा जाए

---

1. परहेज़, 2. दुर्घटना, 3. प्रतीक्षारत, 4. परिचित अक्षर, 5. होंठ में दबा

29

इक तू ही इस जहान में अच्छा लगा मुझे
मिलनी ही चाहिए कोई इस की सज़ा मुझे

कैसे न सारे लोग मुझे अजनबी लगें
जब अपने आप का ही नहीं कुछ पता मुझे

कहता है रोज़ ख़्वाब में मुझ से मिरा वजूद
सीने से आके अपने कभी तो लगा मुझे

लगता है अपना नाम तलक अजनबी मगर
आने लगा है इस में भी इक लुत्फ़ सा मुझे

होगी तो कोई बात के तेरे सिवा यहाँ
हर शख़्स अपना दोस्त समझता रहा मुझे

सिद्धार्थ की तरह ये महल छोड़ता हूँ मैं
अब बन के बुद्ध दर्द के जंगल से आऊँगा

30

अंदर का शोर अच्छा है थोड़ा दबा रहे
बेहतर यही है आदमी कुछ बोलता रहे

खिड़की जो हो खुली, जो इधर की हवा रहे
यादों के बादलों से ये कमरा भरा रहे

मिलता रहे हँसी-ख़ुशी औरों से किस तरह
वो आदमी जो ख़ुद से भी रूठा हुआ रहे

बिछड़ो अगर किसी से तो ऐसे कि उम्र भर
तुम उस को ढूँढो और वो तुम्हें ढूँढता रहे

बारिश की आरज़ू भी बहुत है मुझे मगर
पहली दुआ ये है कि समंदर भरा रहे

31

ज़ख़्म ख़ुर्दा[1] न था, उदास न था
या मैं बचपन में ख़ुदशनास[2] न था

दूर होकर भी मैं उसी का रहा
जो मेरे पास रहके पास न था

हूँ उसी शह्र का मैं बाशिंदा
मुझ को मौसम जहाँ का रास न था

वो भी हँसता था खुल के पिछले साल
मैं भी इस दर्जा मह्व-ए-यास[3] न था

दिल के सब ज़ख़्म जिस से ढक जाते
घर में ऐसा कोई लिबास न था

---

1. घायल, 2. स्वयं से परिचित, 3. दुःख में डूबा

32

मैं चलते-चलते राह, अचानक ठहर गया
बादल-सा एक शख़्स बरस कर गुज़र गया

पहली दुआ क़बूल हुई मेरी जिस घड़ी
इक आदमी जो था मेरे अंदर वो मर गया

माज़ी[1] की बात हो गईं अब सारी चाहतें
दरिया चढ़ा हुआ था जो कल तक, उतर गया

अब उतना जोश और वो जल्दी नहीं रही
कह दूँगा दिल की बात कभी जो उधर गया

दीवार पे जो ताक़[2] था, ऊँचा नहीं रहा
दो चार साल बाद जो मैं अपने घर गया

---

1. अतीत, 2. ताख

33

सामने दीवार थी, उस पर कोई साया न था
फिर भी लगता था कि मैं पिछले पहर तनहा न था

मैं हिसार-ए-अजनबीयत[1] में ख़ुद अपने क़ैद था
वर्ना मेरा शहर में किस शख़्स से रिश्ता न था

नामुकम्मल ही सही पर कुछ तो हल था ख़्वाब में
प्यास बाक़ी थी, मगर यूँ हर तरफ़ सहरा न था

ज़िंदगी को ही गिला था मुझ से हर इक गाम पे
मुझ को तो उस ज़िंदगी से कोई भी शिकवा न था

दूर से चाहा किया तो सारे अपने ही लगे
पास से देखा तो अपना सा कोई चेहरा न था

---

1. अपरिचय का घेरा

34

यूँ तो वो पास कब नहीं होता
याद आता है, जब नहीं होता

उसकी बातों का दिल पे गहरा असर
पहले होता था, अब नहीं होता

अपनी नज़रों में आफ़ताब हैं सब
कोई मेहमान-ए-शब नहीं होता

इस में उनका करम भी हो शायद
दर्द-ए-दिल बेसबब नहीं होता

जिन को लगता है सब मयस्सर है
पास उनके भी सब नहीं होता

35

जिन्हें क़िस्से सुनाने हैं बहुत से
उन्हीं से ग़म छुपाने हैं बहुत से

वहाँ जाने का मक़सद एक ही है
ना जाने के बहाने हैं बहुत से

मुझे बादल ने चुपके से बताया
समन्दर में ख़ज़ाने हैं बहुत से

उन आँखों पर भरोसा कम ही करना
जिन आँखों में फ़साने हैं बहुत से

मुहाज़िर[1] दिल कहाँ हुब्बुल-वतन[2] हों
लबों पर गो तराने हैं बहुत से

---

1. प्रवासी, 2. देशभक्त

36

कैसे हो, क्या है हाल, मत पूछो
मुझ से मुश्किल सवाल मत पूछो

किसने तुम को सताया है इतना
किसलिए है मलाल, मत पूछो

क्यों वो ख़ुद को नज़र नहीं आता
क्यों है शीशे में बाल, मत पूछो

जब्र किस का है, कौन है मजबूर
किस ने फेंका है जाल, मत पूछो

कौन मेरी ख़ुशी का दुश्मन है
मुझसे तुम उसका हाल मत पूछो

37

ख़्वाबों से इतनी ज़्यादा मोहब्बत फ़िज़ूल है
बादल में बीज बोने की आदत फ़िज़ूल है

अब कम बचा है वक़्त, सुनो देर मत करो
दिल साफ़ कर लो अपना, अदावत[1] फ़िज़ूल है

जो कर चुके हैं करने की हर बात, कहते हैं-
क़ाबू करो जुनूँ पे, ये वहशत फ़िज़ूल है

लोगों को अब किसी का भरोसा नहीं रहा
इस दौर में कोई भी अक़ीदत[2] फ़िज़ूल है

देना है कुछ तो दीजिए और भूल जाइये
हैं आईना-तलब तो सख़ावत[3] फ़िज़ूल है

---

1. शत्रुता, 2. श्रद्धा, 3. दानशीलता

हमें जहान में ऐसा तो एक भी न मिला
कि सिर्फ़ इश्क़ का मारा हुआ कहें जिसको

38

मुझे तो ख़ुद पे भरोसा नहीं रहा साईं
जो छोड़ा घर तो कहीं का नहीं रहा साईं

नहीं मिलेगी जो मंज़िल तो कोई बात नहीं
मैं थक गया हूँ, नई राह मत दिखा साईं

तैं तेरे क़दमों में बैठा रहूँ है ठीक मगर
ज़रा सी देर तो सीने से भी लगा साईं

हर एक झूठ से अपने मैं ख़ूब वाक़िफ़ हूँ
जो मेरा सच है मुझे बस वही बता साईं

वो एक गीत कि जिसने मुझे बदल डाला
वो एक गीत मुझे आज फिर सुना साईं

39

कुछ सलीक़े बुनियादी, दोस्ती में काफ़ी हैं
चार पाँच अच्छे लोग ज़िंदगी में काफ़ी हैं

ख़ुश-लिबास लफ़्ज़ों से फ़ायदा तो है लेकिन
सादगी औ' सच्चाई, शायरी में काफ़ी हैं

इल्म से इज़ाफ़ा कुछ हो तो सकता है लेकिन
रास्ती[1] औ' बीनाई[2] आदमी में काफ़ी हैं

दिल सम्भाले रखती है आस सुबह की लेकिन
ख़ुशदिली औ' दानाई[3], तीरगी[4] में काफ़ी हैं

मीठी-मीठी बातें भी काम आती हैं लेकिन
आजिज़ी औ' गहराई, आशिक़ी में काफ़ी हैं

---

1. सदाचार, 2. दृष्टि, 3. बुद्धिमत्ता, 4. अँधेरा

40

क्या हक़ीक़त है और गुमां[1] क्या है
झूठ और सच के दरमियां क्या है

बहस करने की उस को आदत है
सोच लो ध्यान से कहाँ क्या है

जहाँ सब कुछ है, है वहाँ सब कुछ
कुछ नहीं है जहाँ, वहाँ क्या है

छुप के रहता है जो सहीफ़ों[2] में
उसकी पहचान क्या, निशां क्या है

"सब्ज: ओ गुल कहाँ से आये हैं"
ये ज़मीं क्या है, आसमाँ क्या है

1. वहम, 2. पवित्र किताबों

41

हम ने तो उम्र गुज़ारी है तुम्हारे बन कर
तुम भी कुछ रोज़ रहो काश हमारे बन कर

कामयाबी के लिए सख़्तदिली लाज़िम थी
कुछ न दुनिया से मिला हम को बेचारे बन कर

हुस्न की ज़िद कि किसी और तरफ़ मत देखो
इश्क़ का हुक़्म, रहो इश्क़ के मारे बन कर

पाँव रखते थे ज़मीं पर तो बहुत साथी थे
हो गये सब से जुदा चाँद-सितारे बन कर

कुछ तो इस नेकी का इनआम मिलेगा हम को
उम्र काटी है तो औरों के सहारे बन कर

42

बातें नई थीं लोग भी अनजान से लगे
लौटे वतन तो घर में भी मेहमान से लगे

सोचा जो ध्यान से तो न पाया कोई जवाब
सारे सवाल पहले तो आसान से लगे

कहने लगे कि तुम से ना बोलेंगे हम कभी
हम ने कहा कि ठीक, तो हैरान से लगे

कल शब अलग ही रंग में थे, सरगिराँ[1] थे कुछ
ज़ुल्फ़ें खुलीं तो और परेशान से लगे

हम से भी सच न बोला गया अपने बारे में
वो भी मिले तो थोड़े पशेमान[2] से लगे

---

1. अभिमानी, 2. लज्जित

43

या तो ज़ख़्मों को बेनक़ाब करें
या उन्हें दें ज़बाँ, किताब करें

कितने बिस्मिल[1] हैं, जाँ ब लब[2] है कौन
फ़िक्र इतनी भी क्यों जनाब करें

कितने छोटे हैं उनके दिल सोचो
जो मोहब्बत में भी हिसाब करें

वो भी रुसवा न हों न हम बदनाम
शेर कुछ ऐसे इंतख़ाब[3] करें

1. घायल, 2. मृतप्राय, 3. चयन

44

सितम का ज़िक्र करो शौक़ से ज़माने में
बस एक नाम न लाना मगर फ़साने में

वे एक घर कि जहाँ उम्र काटनी थी हमें
लगी है उम्र वही एक घर बनाने में

कोई भी झूठ हो, सौ फ़ीसदी नहीं होता
कि सच भी होता है हर झूठ, हर बहाने में

पलट के आये ना आये, ये उस की मर्ज़ी है
गली के लोग है मसरूफ़ घर सजाने में

हर एक ज़ख़्म-ए-निहाँ[1] दर्द का सबब तो नहीं
ज़रा सा लुत्फ़ भी है तल्ख़ियाँ[2] छुपाने में

1. छुपा हुआ ज़ख़्म, 2. तिक्तता

45

मिरी ख़ुशी है कमाल उनका
मिरा तसव्वुर[1] जमाल[2] उनका

हैं दोनों काफ़िर हैं दोनों क़ातिल
जमाल उनका, जलाल[3] उनका

मिरे लबों पे हैं उन की बातें
है मेरे दिल में ख़याल उनका

ख़ुदा करे वो कभी न जानें
है उनके आगे ज़वाल[4] उनका

मैं गुफ़्तगू के किनारे पर हूँ
जवाब उनका सवाल उनका

---

1. कल्पना, 2. सौन्दर्य, 3. तेज, महिमा, 4. पतन

46

यूँ तो दुनिया में बेनज़ीर[1] हूँ मैं
उसके आगे मगर फ़क़ीर हूँ मैं

उससे पाई है मैंने सब दौलत
वो सख़ी[2] है तभी अमीर हूँ मैं

वो मिरे पास खिंच के आयेगा
उस के हाथों की इक लकीर हूँ मैं

बात गहरी कही है आसां भी
इस नये दौर का कबीर हूँ मैं

सीधे-साधे हैं सब मिरे मज़मून[3]
मीर ओ ग़ालिब नहीं, नज़ीर हूँ मैं

1. अतुलनीय, 2. दानी, 3. लेखन

47

उनसे अकसर मिलती हैं और गहरी बातें करती हैं
सत्तर साल पुरानी आँखें अब भी बातें करती हैं

देखभाल के सारे पहलू, फ़ैसले करती हैं आँखें
कितने राज़ छुपाती हैं और कितनी बातें करती हैं

इतनी भी मासूम नहीं हैं आँखें सब कुछ जानती हैं
कड़वी बातें पी जाती हैं, मीठी बातें करती हैं

नाफ़[1], कमर, सीना और गर्दन, अबरू[2], ज़ुल्फ़ें और कूल्हे
तौबा तौबा इनको रोको, कैसी बातें करती हैं

उनको है मालूम कहानी, जानती हैं क्या कहना है
आधी बात छुपा लेती हैं, आधी बातें करती हैं

1. नाभि, 2. भौं

दिल को हर भूले हुए ग़म का पता देते हैं
नींद आ जाए तो ये ख़्वाब जगा देते हैं

48

कभी शहर हम को अजब लगा, कभी ठीक मकान न मिल सका
कभी हमकलाम न हो सके, कभी हमज़बान न मिल सका

कभी सच बताने से डर गये, कभी झूठ से भी मुकर गये
कभी राज़ लब पे ना आ सके, कभी राज़दान न मिल सका

कभी तंग आये सुकूँ से हम, कभी बच ना पाये जुनूँ से हम
कभी निकली ज़मीन क़दम-फ़रेब, कभी आसमान ना मिल सका

कभी मुश्किलों से था वास्ता, कभी सहल था वही रास्ता
कभी मोड़ पीछे निकल गया, कभी पासबान[1] न मिल सका

कभी गुफ़्तगू नाज़रूरी की, कभी बात की तो अधूरी की
कभी घर को छोड़ के चल दिए, कभी ख़ानदान न मिल सका

---

1. पहरा देने वाला व्यक्ति/चौकीदार

49

अब वो पहली सी आन-बान नहीं
दिल धड़कता है पर जवान नहीं

तुम जो चाहो तो मुफ़्त ले लो हमें
है मोहब्बत, कोई दुकान नहीं

घर की मानिन्द जो लगे हम को
शहर में ऐसा इक मकान नहीं

गर्द सी जम गई है बातों पर
ख़ाक समझे जो हमज़बान नहीं

इतने मुश्किल सवाल मत पूछो
दोस्ती है ये इम्तिहान नहीं

50

ज़रा-सा वक़्त ज़माने से गर उधार लिया
तो उस को प्यार किया और उस का प्यार लिया

दिल-ओ-दिमाग़ से आगे थी जिस की सोच-समझ
उस एक जिस्म ने आके मुझे पुकार लिया

गवाही देनी हो जैसे किसी मुक़दमे में
हर एक लफ़्ज़ तिरा दिल में यूँ उतार लिया

कभी जो याद ने उसकी बहुत सताया हमें
तो उसका नाम सर-ए-बज़्म बार-बार लिया

तुम्हीं कहो कि बहारों पे कैसी गुज़रेगी
जो उस ने ख़ुद को ज़रा और भी सँवार लिया

51

दामन में सौ चाँद सितारे ढेर सी ख़ुशबू लाता है
मुद्दत बाद वतन से जब भी कोई मिलने आता है

तीस बरस से ज़्यादा गुज़रे, ज़ख़्म हरा है जैसा था
मेले में जो बिछड़ गया था, आज तलक याद आता है

जिस को जीने की हसरत में हम अन्दर से टूट गये
शहर का हर दीवाना आशिक़ वो क़िस्सा दोहराता है

जाने वो क्या सोचती होगी, जाने क्या है याद उसे
हमको तो इक ख़्वाब अभी तक अपने पास बुलाता है

दफ़्न हैं अब भी राज़ हज़ारों रात की हर सरगोशी[1] में
क़ब्रिस्तान में आज तलक गो सन्नाटा चिल्लाता है

---

1. फुसफुसाहट

52

रम्ज़[1] में और इस्तिआरे[2] में
इक अजब लुत्फ़ है इशारे में

दिल भी था इक यतीम बच्चे-सा
घर के अरमान थे बेचारे में

किस लिए पास था हुआ क्यों दूर
क्या कहें बोलो उसके बारे में

क्या ज़रूरी है लब तलक पहुँचे
बात हो सकती है इशारे में

मेरा भी था किसी के साथ कभी
जैसा नाता है चाँद-तारे में

---

1. संकेत, 2. रूपक

53

सहर को शाम, भरी दोपहर को शब कहिये
कहीं नहीं लिक्खा है, सच ही सब कहिये

गिने-चुने हुए अल्फ़ाज़ उसको भाते हैं
सँभल के कहिये कोई शेर उस पे जब कहिये

जो सच ना कहने की ठानी है तो सरे-महफ़िल
फ़राख़-दिल[1] उसे और ख़ुद को बे-तलब कहिये

हो क़िस्सा-ए-ग़म-ए-दौराँ तो हो बुलन्द आवाज़
हो दास्तान-ए-दिल-ओ-जाँ, तो ज़ेर-ए-लब कहिये

बदलता रहता है शक्लें, वो एक शख़्स नहीं
किधर से देखिये और बात उससे कब कहिये

---

1. उदार

54

इतना तो एहतेराम[1] रहने दो
क़ब्र पर उसका नाम रहने दो

कल जो होगा वो देखा जायेगा
ख़ुश मुझे आज शाम रहने दो

मय नहीं गरचे और शीशे में
सामने फिर भी जाम रहने दो

इस से पहले कि उसका नाम आये
दास्ताँ ना-तमाम[2] रहने दो

उठ ही जाएगा ये तमाशा भी
कुछ दिनों ताम-झाम रहने दो

---

1. सम्मान, 2. अपूर्ण

55

ये दिल का क़िस्सा भी कितना अजीब है यारो
जे दूर रहता है बस वो क़रीब है यारो

लकीरें हाथ की उससे मिलाने वाली थीं
मगर ये दिल कि बड़ा बदनसीब है यारो

मैं चाहता भी हूँ उसको अलग भी रखता हूँ
मिरा मिज़ाज ही मेरा रक़ीब[1] है यारो

वो चाहता है मिरा दर्द मुझको रास आये
अलग मिज़ाज का मेरा तबीब[2] है यारो

मैं जिस्म-ओ-जान से ख़ादिम क़लम की अज़मत[3] का
मिरा हुनर ही मिरी इक सलीब है यारो

---

1. प्रेम में प्रतिद्वन्द्वी, 2. चिकित्सक, 3. महानता

56

ज़मीन एक सी है, आसमान एक सा है
जो दिल से देखो तो सारा जहान एक सा है

नये नहीं हैं किसी के शिकायत-ओ-शिकवे
हर एक शख़्स यहाँ बदगुमान एक सा है

किसी को ख़ुद पे भरोसा नहीं, डरे हैं सब
हमारे शहर में जो है मकान, एक सा है

अलग-अलग हैं किताबें, जुदा हैं सब स्कूल
हमारा उनका मगर इम्तेहान एक सा है

मुशायरों के लिए सब ने लिखी हैं ग़ज़लें
ज़बान एक है सब की, बयान एक सा है

57

मैं दिल के ज़ख़्मों को दिखलाता तो कहाँ साईं
किसे सुनाता मैं ये तल्ख[1] दास्ताँ साईं

मैं कैसे कहता कि मुन्किर[2] हूँ ज़ात से तेरी
मिरी जबीं[3] पे थे सज्दों के कुछ निशां साईं

सफ़र अलग था, मोहब्बत अलग थी, फ़र्ज़ अलग
मगर तू दिल में रहा, मैं गया जहाँ साईं

बहुत हैं मुझको सियासत से चाहने वाले
मगर नहीं है कोई तुझ सा मेहरबां साईं

जहाँ-जहाँ से पुकारा है साईं तूने मुझे
मैं तेरे पीछे गया हूँ वहाँ-वहाँ साईं

---

1. कटु, 2. नहीं माननेवाला, 3. ललाट

हर ख़ुशी हम को मिली गोया पराई बन कर
घर का आराम किसी और के घर में पाया

58

बानी-ए-करम[1] होते, ख़ालिक़-ए-वफ़ा[2] बनते
ग़म न होते दुनिया में, हम अगर ख़ुदा बनते

इश्क़ दोस्ती में गो हो तो सकता है तब्दील
वक़्त तो लगेगा कुछ रिश्ता इक नया बनते

दर्द और लताफ़त[3] का इम्तिज़ाज[4] था उन में
चारागर ना बनते वो तो बताओ क्या बनते

दिल में लोगों के बस कर, क्या हुआ हमें हासिल
घर बनाते मन्दिर में, कोई देवता बनते

कह गये हैं ग़ालिब जो, लाख सच हो वो लेकिन
हमने तो नहीं देखा दर्द को दवा बनते

---

1. कृपा का निर्माता, 2. प्रेम का सर्जक, 3. मुलायमियत, 4. मिश्रण

59

उदास रहने की दिल को अजीब आदत है
हर एक शहर से हमको कोई शिकायत है

ज़बान जेब में रखिये, दिमाग़ बटुए में
छुपाये रखिये ज़रा भी अगर ज़हानत[1] है

हम उन की नर्मी से शर्मिन्दा हो गये शायद
ख़ुशी के नाम से दिल में अजब बग़ावत है

वो आज भी हमें दिल से लगाये बैठे हैं
हमें भी उनसे जो सच पूछिये, मोहब्बत है

कोई न ठीक से जाने, हज़ार पहचानें
अजीब चीज़ ज़माने में एक शोहरत है

1. बुद्धिमत्ता

60

कोई आये, कोई कमाल करे
महफ़िल-ए-दिल को मालामाल करे

मेरे अन्दर नहीं है कोई जो
मेरे आराम का ख़याल करे

ख़ामुशी ही जवाब है उस का
बन्द होठों से जो सवाल करे

दर्द जब वक़्त पर करे क़ाबू
चन्द लम्हों को माह-ओ-साल करे

हिज्र[1] की शाम ग़म की शहनाई
कौन अब ख़्वाहिश-ए-विसाल[2] करे

1. विरह, 2. मिलन की इच्छा

61

तुम से जुदा हुए तो किसी के न हो सके
जी खोल के हँसे न कभी खुल के रो सके

इक रात जिस्म-ओ-रूह के अन्दर उतर गई
फिर उसके बाद मुद्दतों तन्हा न सो सके

मेले में भी अलग ही रहे भीड़भाड़ से
कोशिश हज़ार की, न मगर ख़ुद को खो सके

कमरे में बन्द राज़ सड़क पर बिखर गये
फिर सारी उम्र दाग़-ए-निदामत[1] ना धो सके

हम अपनी ज़ात से ही मुक़य्यद[2] रहे सदा
कोशिश हज़ार की, न मगर उन के हो सके

---

1. पश्चाताप के चिन्ह, 2. क़ैद

62

जो रंग सारे ज़माने को अच्छा लगता है
किसे ख़बर है कि वो दिल को कैसा लगता है

नई तरह से ना सोचें तो पीछे रह जायें
यहाँ तो हर घड़ी मौसम बदलता रहता है

कहो कि मौत से ठहरे, ये वक़्त ठीक नहीं
ज़माना हम से कोई बात करता लगता है

है उसका ध्यान कहाँ ये हमें नहीं मालूम
जो साथ होके भी जाता हुआ सा लगता है

लब-ओ-निगाह में इक इख़्तिलाफ़[1] सा है आज
वो हँस रहा है मगर कुछ ख़फ़ा सा लगता है

---

1. असहमति

63

बज़्म में जब मिरी कमी होगी
चन्द आँखों में कुछ नमी होगी

ज़्यादती उस ने की हज़ार मगर
मुझ में भी तो कोई कमी होगी

गो मिलेंगे वो गर्मजोशी से
दिल में पर बर्फ़ सी जमी होगी

गुफ़्तगू थोड़ी आगे बढ़ने दो
रात कुछ और शबनमी होगी

तुम जो महफ़िल में आ गये होगे
नब्ज़ तब जाके कुछ थमी होगी

64

अगर दिल में अदावत है, तो देखो साफ़ कह दो
कोई गहरी शिकायत है, तो देखो साफ़ कह दो

ये सच है घर का दरवाज़ा खुला है आज तक लेकिन
पलट आने में दिक़्क़त है, तो देखो साफ़ कह दो

तुम्हारी नाज़बरदारी में मैं ख़ुद को मिटा डालूँ
अगर इस की ज़रूरत है, तो देखो साफ़ कह दो

अधूरी बात पर उठकर चले जाने से दुख होगा
अगर कुछ कम ही फ़ुरसत है, तो देखो साफ़ कह दो

इशारों से नहीं सुलझेंगे ये उलझे हुए रिश्ते
तुम्हें मुझसे मोहब्बत है, तो देखो साफ़ कह दो

65

हमको उससे शिकवा क्या था, अब तो ये भी याद नहीं है
कैसे उस ने दिल तोड़ा था, अब तो ये भी याद नहीं है

उसको हम पहचान गये हैं, अन्दर क्या है जान गये हैं
पहले धोखा क्यों खाया था, अब तो ये भी याद नहीं है

किन पेड़ों पर झूलोंवाली रस्सी डाली जाती थी
कौन सा घर आसेबज़दा[1] था, अब तो ये भी याद नहीं है

आज तो उसकी हर कमज़ोरी साफ़ दिखाई देती है
पहले उस में क्या देखा था, अब तो ये भी याद नहीं है

जाम था, दिल था, या फिर कोई उनसे किया इक वादा था
रात नशे में क्या टूटा था, अब तो ये भी याद नहीं है

---

1. प्रेतग्रस्त

जब भी चाहें उदास हो जाएँ
शुक्र है इतना इख़्तियार मिला

66

मदद करना अगर आसान होता
तो बेहद नेक हर इंसान होता

खुला होता गिले-शिकवे का दफ़्तर
मोहब्बत का जो कुछ इमकान[1] होता

हमारी बेघरी उस पर भी खुलती
हमारे घर जो वह मेहमान होता

असर होता दुआओं में जो मेरी
मैं अपने आप से अनजान होता

कहीं तो सच की आँखें नम न होतीं
कोई तो साहिबे-ईमान होता

---

1. सम्भावना

67

बेवजह जुल्म सहने की आदत नहीं रही
अब हमको दुश्मनों की ज़रूरत नहीं रही

वो भी हमारे नाम से बेगाने हो गये
हम को भी सच है उन से मोहब्बत नहीं रही

रहबर[1] तमाम मुल्क के नज़रों से गिर गये
आँखें खुलीं तो दिल में अक़ीदत[2] नहीं रही

ऐसा नहीं कि उनसे मोहब्बत न हो मगर
पहले सा जोश, पहले सी शिद्दत[3] नहीं रही

क़ुर्बत[4] में उलझनें थीं बहुत, रंज थे बहुत
मिलना नहीं रहा तो शिकायत नहीं रही

1. पथप्रदर्शक, 2. श्रद्धा, 3. तीव्रता, 4. सामीप्य

68

जिस्म की प्यास को इज़्हार-ए-वफ़ा समझा था
ताक़ पर रखे खिलौने को ख़ुदा समझा था

अब खुला, उस की इनायत से कहीं बेहतर था
वो तग़ाफ़ुल[1] कि जिसे हम ने जफ़ा[2] समझा था

हम ने दुनिया से कोई और तो उम्मीद न की
नेकनामी को ही मेहनत का सिला समझा था

पहले-पहले तो हर इक बात ग़ज़ल जैसी थी
ज़ख़्म को फूल, जफ़ाओं को अदा समझा था

आज हर बात नज़र आती है औरों जैसी
हम ने उसको कभी औरों से जुदा समझा था

1. उपेक्षा, 2. बेवफ़ाई

69

पुरसुकून ज़िन्दगी, एक ख़्वाब है गोया
दिल से निकली शायरी, एक ख़्वाब है गोया

भाई जैसे रास्ते हैं कब हमारे वास्ते
बहन जैसी चाँदनी, एक ख़्वाब है गोया

आज सारी सड़कों पर झूठ का अँधेरा है
आज सच की रौशनी एक ख़्वाब है गोया

ज़हन इक बयाबां है, दिल का बाग़ वीरां है
फ़िक्र-ओ-फ़न की हर कली, एक ख़्वाब है गोया

जैसी थी लड़कपन में, दिल के नेक आँगन में
वैसी गहरी दोस्ती, एक ख़्वाब है गोया

70

मैं तुझ से लाख बिछड़कर यहाँ-वहाँ जाता
मेरी जबीन से सज्दों का कब निशाँ जाता

ज़मीन मुझको समझती न आसमान कोई
गुनाहगार ही कहलाता, मैं जहाँ जाता

नसीब से तो मिले थे फ़क़त ये ख़ाली हाथ
फ़राख़दिल वो न होता, तो मैं कहाँ जाता

मुझे ख़बर ना थी उस घर में कितने कमरे हैं
मैं कैसे लेके वहाँ सारी दास्तां जाता

मैं एक गूँज की मानिंद लौटता उस तक
जहाँ से मुझ को बुलाता मैं बस वहाँ जाता

71

मोहल्ले और घराने ढूँढते हैं
वही पिछले ठिकाने ढूँढते हैं

सुधरने की अजब ज़िद हो गई है
न पीने के बहाने ढूँढते हैं

अगर ठानी है उनको भूलने की
तो क्यों अलबम पुराने ढूँढते हैं

वो जंगल से कभी वाक़िफ़ न होंगे
कुँएँ में जो ख़ज़ाने ढूँढते हैं

वो हम को भूल बैठे हैं कभी के
जिन्हें हम क्यों न जाने ढूँढते हैं

72

सिर्फ़ शिकवों से कहानी नहीं पूरी होगी
अपने हर ज़ुल्म की गिनती भी ज़रूरी होगी

दो अलग ज़हन कभी एक नहीं हो सकते
लाख क़ुर्बत[1] हो मगर ख़त्म न दूरी होगी

वक़्त भी कम है, मोहब्बत भी नहीं है ज़्यादा
आज की शाम हर इक बात अधूरी होगी

एक वो दौर था जब सब को यही लगता था
दिल की हर बात अहम और ज़रूरी होगी

कौन सा लम्हा हर इक ग़म को मिटा डालेगा
दास्तां उम्र की किस मोड़ पर पूरी होगी

---

1. सामीप्य

73

कुछ छूट गया, कुछ टूट गया
कुछ वक़्त का डाकू लूट गया

जो फ़िल्म बनाई, फेल हुई
जो तार छुआ, वो टूट गया

कल आगे-आगे चलता था
अब कितने पीछे छूट गया

जब धोखे खाये औरों से
तब अपने दिल का झूठ गया

अब उम्र का कम्बल ओढ़ा है
वो सूट गया, वो बूट गया

74

झूठी उम्मीद की उँगली को पकड़ना छोड़ो
दर्द से बात करो, दर्द से लड़ना छोड़ो

सब पड़ोसी हैं सभी अपने मुहल्ले के हैं
काम आयेंगे सभी इनसे झगड़ना छोड़ो

बेसबब देते हो क्यों अपनी ज़हानत का सुबूत
हीरे-मोती को हर इक बात में जड़ना छोड़ो

चाँद सूरज की तरह तुम भी हो क़ुदरत का खेल
जैसे हो वैसे रहो, बनना-बिगड़ना छोड़ो

ख़्वाब का राज़ फ़क़त रात के सीने में है
दिन में ताबीर[1] की तितली को पकड़ना छोड़ो

---

1. स्वप्नफल

खो गये हैं तो घूम लें दुनिया
राह ढूँढेंगे घर की फ़ुर्सत से

75

गर हवा पे न यूँ सवार रहो
शायद इतने न बेक़रार रहो

लोग बातें बनायेंगे क्या-क्या
तोहफ़े देने में होशियार रहो

प्यास उसकी नहीं बुझेगी कभी
लाख तुम बन के आबशार[1] रहो

इक न इक दिन क़बूल कर लेगा
सामने उसके बार-बार रहो

हम नहीं कहते भूल जाओ उसे
पर सरापा[2] न इन्तेज़ार रहो

---

1. झरना, 2. आपादमस्तक

76

हम जो पहले कहीं मिले होते
और ही अपने सिलसिले होते

फिर हर इक बात ठीक से होती
फिर न उलझन न फ़ासले होते

फिर न तनहाई रात को डसती
फिर न क़िस्मत से ये गिले होते

फिर न लगता ये शहर इक सहरा[1]
फिर न गुम दिल के क़ाफ़िले होते

फिर ग़ज़ल होती सब ज़ुबानों पर
फिर किसी के न लब सिले होते

फिर हर इक लम्हा गुनगुना उठता
फिर हर इक सिम्त गुल खिले होते

---

1. मरुभूमि

77

कुछ तो मैं भी डरा-डरा सा था
और रस्ता भी कुछ नया सा था

झूठ और सच के दरमियां था जो
आज वो पुल भी टूटता सा था

जिस से सारे चिराग़ जलते थे
वो चिराग़ आज कुछ बुझा सा था

रास आये न उसके रस्मो-रिवाज
शहर हम से ख़फ़ा-ख़फ़ा सा था

बुत समझते थे जिस को सारे लोग
वो मेरे वास्ते ख़ुदा सा था

78

बहुत से क़िस्से बहुत फ़साने कभी किसी से कहे नहीं हैं
जो बन्द कमरों के वाक़िए थे, गली-गली से कहे नहीं हैं

बरसता पानी, पिघलती शबनम, हवा की शोख़ी, कली का खिलना
ख़ुदा के दिल में हैं राज़ कितने जो आदमी से कहे नहीं हैं

नई फ़सल है, नया ज़माना, पुराने ज़ख़्मों को मत उगाना
चमन के लुटने के थे जो मंज़र, किसी कली से कहे नहीं हैं

मिज़ाज में आन-बान रक्खी, हर एक जज़्बे की शान रक्खी
जो शेर लिक्खे हैं बेदिली पर, वो बेदिली से कहे नहीं हैं

सितम के हाथों जो दिल यह टूटा, तो फिर वफ़ा का भी साथ छूटा
कि झूठ हम ने कहे हैं उससे मगर ख़ुशी से कहे नहीं हैं

79

वो चाहता है, मगर पास आ नहीं सकता
जो दूर रहके भी मुझको भुला नहीं सकता

वो मेरे सारे खिलौने ख़रीद सकता है
मगर वो मेरा लड़कपन चुरा नहीं सकता

वो चाहता है कि फिर आके दिल में बस जाये
मगर वो पिछला किराया चुका नहीं सकता

वो नाज़ करता है मासूमियत पे, नेकी पे
वही जो चेहरे से पर्दा हटा नहीं सकता

वो पूछता है मिरे हाल-चाल औरों से
जो अपने बारे में उनको बता नहीं सकता

80

किस मंज़िल तक जा न सकेंगे, क्या क्या देख न पायेंगे
हासिल माना कुछ भी न होगा पर फ़ेहरिस्त बनायेंगे

दीवारों ने क्या-क्या देखा, खिड़की क्यों ख़ामोश रही
घर को ध्यान से देखेंगे तब भेद समझ में आयेंगे

वो भी हम को रो बैठे हैं हम भी उनको भूल गये
आने वाली नस्लों को पर हम दोनों याद आयेंगे

आसानी से होने वाला काम न हम को दे कोई
उलझी डोर मगर ये सच है हम घंटों सुलझायेंगे

जब तक सच का सूरज आके दर पे न कोई दस्तक दे
तब तक झूठी उम्मीदों से रात का दिल बहलायेंगे

81

दर्द जब शायरी में ढलते हैं
दिल में हरसू चिराग़ जलते हैं

कोई शै एक सी नहीं रहती
उम्र ढलती है, ग़म बदलते हैं

जो नहीं माँगता किसी से कुछ
शहर के लोग उससे जलते हैं

उसकी मंज़िल जुदा, हमारी जुदा
आज गो साथ-साथ चलते हैं

लखनऊ, शायरी, शराब, जुनूं
रिश्ते सौ किस तरह निकलते हैं

82

तुमसे क्या छुपाना है, तुम तो जानती हो सब
तुमको क्या बताना है, तुम तो जानती हो सब

दाग़ आशनाई[1] का, ज़ख़्म इस जुदाई का
तुम को क्या दिखाना है, तुम तो जानती हो सब

क्या ये प्यार सच्चा है या ये खेल कच्चा है
कैसे आज़माना है, तुम तो जानती हो सब

क्या बतायें लोगों ने हम पे क्या सितम ढाये
कैसा ये ज़माना है, तुम तो जानती हो सब

कौन सी ग़ज़ल तुम पर कब लिखी औ' क्यों लिक्खी
अब ये क्या जताना है, तुम तो जानती हो सब

1. परिचय

जब ये माना कि दिल में डर है बहुत
तब कहीं जाके दिल से डर निकला

83

गो आदत अब भी है हमें बे ख़ौफ़-ओ-ख़तर मयनोशी की
कम-कम ही हासिल होती है मंज़िल अब मदहोशी की

काग़ज़ के इक टुकड़े पर था 'हाँ' का बस एक लफ़्ज़ लिखा
दिल से याद नहीं जाती है उस मीठी सरगोशी की

बूढ़े घर के सारे बर्तन अपनी कहानी कहते हैं
एक पतीली लफ़्ज़ों की और एक लगन[1] ख़ामोशी की

स्वांग रचाये कितने हमने कैसे-कैसे गीत लिखे
कभी कहा सब खुल्लम खुल्ला, और कभी सरगोशी की

कुछ भी न सोचा, कुछ भी न समझा, जैसे आया वैसे गया
उम्र हमारी क़ैद में गुज़री गोया यक बेहोशी की

---

1. हाथ धोने का तख़्त

84

दाइम[1] सराब इक मिरे अंदर है क्या करूँ
सहरा मेरी नज़र में समंदर है क्या करूँ

देखे जो मेरी नेकी को शक की निगाह से
वो आदमी भी तो मिरे अंदर है क्या करूँ

यक गूना[2] बेख़ुदी को ही अब ढूँढता है दिल
ग़म और ख़ुशी का बोझ बराबर है क्या करूँ

अच्छा तो है कि सब से मिलूँ एक ही तरह
लेकिन वो और लोगों से बेहतर है क्या करूँ

मिलते हैं यूँ तो लोग बज़ाहिर बहुत गले
हर आस्तीन में कोई ख़ंजर है क्या करूँ

---

1. स्थायी, 2. एक प्रकार का सुनहला रंग जो धातु की बनी चीज़ों पर चढ़ाया जाता है

85

दिन काट लें हम चाहे कोई काम किए बिन
पर शाम न गुज़रेगी, हर इक शाम पिये बिन

हर हुस्न को समझा कि तिरा रूप है ये भी
हरगिज़ न किया इश्क़ तिरा नाम लिये बिन

सब कुछ अगर कह दें तो क़लम खुश्क रहेगा
लिखेंगे ग़ज़ल कैसे, कहो लब को सिए बिन

जो सामने आयेगा उसे झेलना होगा
ये उम्र न गुज़रेगी मियाँ, उम्र जिये बिन

अब लोग नई तरह की बातों में हैं मसरूफ़
तुम घर में न जाना कभी दस्तक को दिये बिन

86

गुड्डे गुड़िया का तमाशा नहीं, सच्चाई है
वक़्त बच्चे का खिलौना नहीं, सच्चाई है

दिल बुझा देती है और जिस्म बदल देती है
उम्र लम्हात का धोखा नहीं, सच्चाई है

देने आता है हर एक शख़्स को ख़बर उसकी
ख़्वाब इक उलझा फ़साना नहीं, सच्चाई है

देखें अब शहर के लोगों से बनेगी कैसे
दरमियां अब कोई पर्दा नहीं, सच्चाई है

ग़मे-दौरां, ग़मे-जानां, ग़मे-हस्ती का इलाज
कोई एजाज़[1]-ए-मसीहा नहीं, सच्चाई है

---

1. चमत्कार

87

ये अलग बात है कि वह मुझसे ख़फ़ा रहता है
मैं इक इनसान हूँ और मुझमें ख़ुदा रहता है

मेरी बातों में बहुत उसकी झलक आती है
उसके लहजे में मिरा ज़हन बसा रहता है

क़ैद में उससे बहादुर न कोई देखा था
अब जो आज़ाद है थोड़ा सा डरा रहता है

और लोगों की निगाहों में बुरा हो लेकिन
अपनी नज़रों में भी गिर जाये तो क्या रहता है

पुल से गुज़रे तो नदी ध्यान से देखी हम ने
वर्ना मंज़र ये निगाहों से छुपा रहता है

88

थे बस्ती में लोग बहुत, पर अपना कोई नहीं निकला
जिस को सारी बात बताते, ऐसा कोई नहीं निकला

ख़ून का घूँट नहीं हासिल तो तनहाई का ज़हर सही
उसके शहर से लेकिन सच है प्यासा कोई नहीं निकला

नल का गंदा पानी पीने शहर सिधारे सारे लोग
मेरे गाँव की क़िस्मत में क्यों दरिया कोई नहीं निकला

चलते-चलते हम भी यारो इक दिन थककर हार गये
मंज़िल तक पहुँचाने वाला रस्ता कोई नहीं निकला

हर सरहद के पार कहानी थोड़ी सी तब्दील हुई
हर इक मुल्क में चलने वाला सिक्का कोई नहीं निकला

89

हर वज़अ[1] के लोगों से हमने दोस्ती की है
हर तरह के मौजूँ पर हम ने शायरी की है

हासिल-ए-वफ़ा क्या है, लज़्ज़ते-जफ़ा क्या है
हम से पूछिये साहिब, हम ने आशिक़ी की है

बंदिशों से डरते हैं, वादे कम ही करते हैं
बात जो भी की उनसे, हम ने आरज़ी[2] की है

बह गये हैं जज़्बों में, बँट गये हैं रिश्तों में
टूट के मोहब्बत और खुल के दुश्मनी की है

यास[3] और हसरत में, हिज्र और फ़ुर्क़त में
रोज़ दिन गुज़ारा है, रोज़ ख़ुदकुशी की है

1. प्रकार, 2. अस्थायी, 3. निराशा

90

देखने में जो हर इक शख़्स से बेहतर निकला
दूर से मोम लगा, पास से पत्थर निकला

मैं उसे दिल के किसी मोड़ पे छोड़ आया था
अब वही मोड़ मिरे घर के बराबर निकला

ज़ख़्म उसका था मिरे ज़ख़्म से मिलता-जुलता
हाल उसका गो मिरे हाल से बेहतर निकला

उसकी हर बात में एक बात छुपी रहती थी
उसका हर राज़ मिरे सीने के अंदर निकला

होगा सड़कों पे भी, है घर में अँधेरा जितना
मैं यही सोचके कुछ रोज़ न बाहर निकला

91

वो पास रह के भी मुझ में समा नहीं सकता
वो मुद्दतों न मिले, दूर जा नहीं सकता

वो एक याद जो दिल से मिटी नहीं अब तक
वो एक नाम जो होठों पर आ नहीं सकता

वो इक हँसी जो खनकती है अब भी कानों में
वो एक लतीफ़ा जो अब याद आ नहीं सकता

वो एक ख़्वाब जो फिर लौट कर नहीं आया
वो इक ख़याल जिसे मैं भुला नहीं सकता

वो एक शेर जो मैंने कहा नहीं अब तक
वो एक राज़ जिसे मैं छुपा नहीं सकता

92

दूसरों की बातों में कुछ तो सच रहा होगा
कोई तो सितम आख़िर हमने भी किया होगा

क्यों बिछड़ गए दोनों, क्यों न साथ रह पाये
हम भी सोचते हैं ये, वो भी सोचता होगा

उसने हँस के लोगों की बात टाल दी होगी
गुफ़्तगू का रुख़ जब भी मुझ तलक गया होगा

साल बीत जाते हैं, लोग भूल जाते हैं
गो कि कुछ किताबों में सब का सब लिखा होगा

"जानती हूँ मैं उनको, अच्छे आदमी हैं वो"
हाय मेरे बारे में उसने ये कहा होगा

93

उसने कोशिश तो बहुत की कि भुला दे मुझको
नाम पानी पे लिखे और मिटा दे मुझको

ख़्वाब के शहर में ले जाये तो कुछ काम बने
नींद से कह दो कि थोड़ा सा जगा दे मुझको

दिल में औरों के लिए थोड़ी जगह बाक़ी थी
जाने इस जुर्म की वो कैसी सज़ा दे मुझको

झूटी बातों से मेरा ज़ख़्म नहीं भरने का
है मसीहा तो किसी सच की दवा दे मुझको

उसका हर राज़ मिरे दिल की तिजोरी में था
जिसने चाहा कि वो बदनाम करा दे मुझको

94

शम्अ उम्मीद की जला तो दे
राह कोई सी हो, दिखा तो दे

मेरी क़िस्मत में गर नहीं वो बुत
मुझ को अच्छा सा इक ख़ुदा तो दे

कौन सा रूप लेना बाक़ी है
क्या इरादा है, कुछ बता तो दे

झूठ ही कह दे लौट आऊँगा
आस दिल में कोई जगा तो दे

खेल बच्चों का गर है ये दुनिया
उम्र मेरी ज़रा घटा तो दे

95

आदमी ख़ुद से जब नहीं मिलता
ग़म का असली सबब नहीं मिलता

उसकी आँखों में वो चमक न रही
जैसे मिलता था, अब नहीं मिलता

दोस्त कहता है वो मुझे अपना
पर कभी बेतलब नहीं मिलता

रब को उनका ख़याल है बेहद
जिन को ढूँढे से रब नहीं मिलता

मुझ को कब इख़्तियार है उस पर
कब वो मिलता है, कब नहीं मिलता

96

ऐसा नहीं कि जो हुआ अच्छा नहीं हुआ
लेकिन जो हम ने सोचा था, वैसा नहीं हुआ

हम शिकवा करके शहर में बदनाम हो गये
उसके सितम का पर कहीं चर्चा नहीं हुआ

ख़्वाब और चीज़ थे औ' हक़ीक़त थी और चीज़
जो दूसरे का था वो हमारा नहीं हुआ

दूरी से और प्यार की गहराई बढ़ गई
बिछड़ा ज़रूर हम से, पराया नहीं हुआ

हम कब मिले थे, कौन सी महफ़िल थी, किस जगह
ये क़िस्सा आज तक भी पुराना नहीं हुआ

97

बाइसे - इज़्तराब[1] लिक्खेंगे
एक दिन सब हिसाब लिक्खेंगे

कम नहीं उनके भी सितम हम पर
उन पे भी इक किताब लिक्खेंगे

ख़्वाहिशें इसकी कितनी नाज़ुक हैं
दिल को अपने हुबाब[2] लिक्खेंगे

दिल में जो कुछ है सब बता देंगे
जितने देखे हैं ख़्वाब, लिक्खेंगे

जो उन्हें लाजवाब ही कर दे
अब के ऐसा जवाब लिक्खेंगे

1. बेचैनी का कारण, 2. बुलबुला

98

क्यों ये फ़ासला सा है, तेरे मेरे दरमियां
क्या कोई गिला सा है, तेरे मेरे दरमियां

एक सहमी सी ख़्वाहिश, एक हल्का सा जज़्बा
जो है अनकहा सा है, तेरे मेरे दरमियां

संगे-मील कहता है दूर अब नहीं मंज़िल
पर सफ़र थमा सा है, तेरे मेरे दरमियां

उम्र के तक़ाज़ों ने, मस्लेहत[1] के हाथों ने
जाल सा बुना है इक, तेरे मेरे दरमियां

वक़्त ने बदल दी है शक्ल सारे रिश्तों की
फिर भी कुछ बचा सा है, तेरे मेरे दरमियां

---

1. भला बुरा देख कर काम करना

99

वो जिस ने खुल के हम से दुश्मनी की
उसी को है शिकायत बेरुख़ी की

तराज़ू में वो जज़्बे तोलता है
कमी कुछ पड़ गई है दोस्ती की

बसे हैं सब के ग़म इक मेरे दिल में
कहाँ गुंजाइश इसमें अब ख़ुशी की

जो दिल के गाँव में चारों तरफ़ है
कमी है शहर में उस चाँदनी की

उदासी ढेर सी और चंद ख़ुशियाँ
कहानी है ये सब की ज़िंदगी की

100

है दिल में किसकी मुहब्बत, ज़रा बताओ तो
करोगे किस पे इनायत, ज़रा बताओ तो

जो इतने प्यार से थोड़ी भी कम न हो पाई
वो कौन सी थी शिकायत, ज़रा बताओ तो

नदी तलाश की उतरेगी कब समंदर में
कहाँ है पानी की जन्नत ज़रा बताओ तो

ज़रा तो पिघलेगा, थोड़ी तो नरमी बरतेगा
उसे तुम अपनी हक़ीक़त ज़रा बताओ तो

न जाने कितने सनम हैं, न जाने कितने ख़ुदा
करें तो किस की इबादत ज़रा बताओ तो

101

इक इसी बात का तो रोना है
हर कहानी को ख़त्म होना है

ज़हन पर इल्म की हुकूमत है
दिल के सरकस में जादू टोना है

ढूँढ लाते हैं चाहने वाले
वर्ना आसान ख़ुद को खोना है

हम ने तो अपनी चाल चल दी है
अब तो जो होना है सो होना है

इक तअस्सुफ़[1] का दाग़ है जिस को
उम्र भर आँसुओं से धोना है

1. पश्चाताप

102

वो चारागर न सही, साहिबे-कमाल तो है
नहीं है हमसफ़र पर मेरा हम-ख़याल तो है

वो मात खा के भी है पुरवक़ार[1] देखो तो
वो ज़ख़्म ख़ुर्दा[2] सही, मर्द ख़ुश ख़िसाल[3] तो है

गहन लगे हुए इक चाँद सा मिला मुझ से
उदास लाख सही, पैकरे-जमाल[4] तो है

ये मयकशी, ये लतीफ़े, ये शैर-ओ-मौसीक़ी
लहू में तर सही, पर शाख़े-दिल निहाल तो है

हर इक तमन्ना बिल आख़िर तेरी तमन्ना है
हर इक सवाल मेरा एक ही सवाल तो है

---

1. श्रेष्ठ, 2. घायल, 3. शिष्ट, 4. सौन्दर्य की आकृति

103

जितने दिये थे आस के सारे बुझा दिये
रिश्तों के पुल बनाए, बनाकर गिरा दिये

कुछ बातें लब पे आ न सकीं, राज़ बन गईं
कुछ शेर उन को लिखने से पहले सुना दिये

कुछ ख़ार दिल में उतरे तो पोशीदा हो गये
कुछ ज़ख़्म बाग़बान को गुल ने दिखा दिये

कुछ हम को तनहा रहने की आदत सी हो गई
कुछ क़र्ज़ ख़ामुशी से ही हम ने चुका दिये

कुछ लोग हम से प्यार भी करते थे सच है ये
कुछ ख़ौफ़ थे कि हम ने बहाने बना दिये

104

आधे-अधूरे हम भी थे, आधा-अधूरा वो मिला
पूरी तरह न हम मिले, पूरी तरह न वो मिला

दिल की सभी सहूलतें, जिस्म की सारी राहतें
ख़्वाब में ले के आया जो, दिन में कभी न वो मिला

नेकी का कुछ सिला नहीं, चाहा था जो मिला नहीं
लब पर मगर गिला नहीं, इतना वक़ार[1] तो मिला

दिल में गो लाख थे गिले, महफ़िल में गर कभी मिले
दोनों के लब रहे सिले, दो से कभी न दो मिला

कब वो पुराना दौर था, उसका नया ही तौर था
दिल से कहीं वो और था, कहने को हम से गो मिला

---

1. सम्मान

105

बचपना छोड़ें और बड़े हो जायें
काश ऐसे न सरफिरे हो जायें

ख़ुद को अच्छी तरह समझ पायें
इस क़दर तो पढ़े लिखे हो जायें

याद इक दिल से मिट नहीं सकती
सौ तरह के हमें नशे हो जायें

शक्ल भी वो, मिज़ाज भी वो ही
कैसे हम कोई दूसरे हो जायें

चंद हफ़्ते मिले न बात करें
और फिर हम नये-नये हो जायें

106

था ख़ुद पे एतबार मगर अब नहीं रहा
मेरा मकान भी मिरा घर अब नहीं रहा

कुछ भूत तल्ख़ यादों के, इक ख़्वाब की चुड़ैल
आँखें खुलीं तो इन का भी डर अब नहीं रहा

दरिया को पार करने का ये अच्छा वक़्त है
घड़ियाल सो रहा है, भँवर अब नहीं रहा

ख़ुद को समझ लिया तो हर इक राह खुल गई
दुश्वार ज़िंदगी का सफ़र अब नहीं रहा

फ़ुर्सत कहाँ कि हिज्र के आँसू बहाइये
दामन किसी के शौक़ का अब तर नहीं रहा

107

यूँ तो शाम-ए-ग़ुरबत[1] का सख़्त ग़म है लोगों को
फिर भी खुल के मिलने का वक़्त कम है लोगों को

बेगुनाह कहते हैं एतमाद[2] से ख़ुद को
हम ने दिल नहीं तोड़े, ये भरम है लोगों को

हँस के जुल्म ढाते हैं दूसरों पे ख़ुद लेकिन
नागवार दुनिया का हर सितम है लोगों को

जिस से बेरुख़ी बरती, जिस को भूल बैठे थे
वो गुज़र गया तो अब क्यों अलम[3] है लोगों को

अच्छे दोस्तों का क़ुर्ब आप एक जन्नत है
अच्छी चाय की प्याली, जाम-ए-जम[4] है लोगों को

---

1. अमावस की शाम, 2. विश्वास, 3. दुख, 4. जमशेद का प्याला

108

कुछ नहीं बचा यारो, कुछ नहीं रहा बाक़ी
खेल हो चुका यारो, कुछ नहीं रहा बाक़ी

दाम घी के पीपे का, नाम उस मुहल्ले का
सब बदल गया यारो, कुछ नहीं रहा बाक़ी

फूल सब जवानी के, सब वरक़ कहानी के
ले गई हवा यारो, कुछ नहीं रहा बाक़ी

जो मकान बचपन की आख़िरी निशानी था
वो भी कल बिका यारो, कुछ नहीं रहा बाक़ी

चुपके चुपके मिलने का, दिल में फूल खिलने का
वक़्त अब गया यारो, कुछ नहीं रहा बाक़ी

109

जिस को दिल का बड़ा नहीं समझा
उस को ख़ुद से सिवा नहीं समझा

उम्र भर ढूँढते रहे उसको
फिर भी ख़ुद से जुदा नहीं समझा

दिल की उँगली पकड़ के चलते रहे
क्या है अच्छा बुरा, नहीं समझा

उस को तकलीफ़ भी है, हैरत भी
हम ने उस को ख़ुदा नहीं समझा

हाले-दिल कह दिया मगर उससे
जाने क्या समझा, क्या नहीं समझा

110

जो बात सच है वो इक दिन बताई जायेगी
मिरी कहानी भी उस दिन सुनाई जायेगी

बदस्ते कासा-ए-ग़ुर्बत,[1] बशर्ते बे-वतनी[2]
शिकम[3] की आग अब ऐसे बुझाई जायेगी

अना[4] के तख़्त पे बैठा है कान बंद किये
कहाँ फिर उस तलक कोई दुहाई जायेगी

हमारे ज़हन में उन के ख़िलाफ़ बातें हैं
ये बात लोगों से कब तक छुपाई जायेगी

उतर भी जाये रग-ओ-पै[5] में ज़हरे-ग़म लेकिन
तमाम उम्र न ये ख़ुश-नवाई[6] जायेगी

---

1. हाथों में परदेश का भिक्षापात्र, 2. देशनिकाले की शर्त पर, 3. पेट, 4. अभिमान, 5. पूरा शरीर, 6. सुन्दर गान

तिरी हयात का मक़सद बता नहीं सकता
कोई ख़ुदा तुझे जीना सिखा नहीं सकता

111

मुद्दतों से पोशीदा पीछे चिलमनों के थे
आज हैं मिरे दिल में ग़म जो दूसरों के थे

गो कि हाथ में था जाम, फिर भी जाने क्यों कल शाम
आँसुओं में डूबे सब साये क़हक़हों के थे

उस ने कुछ बताया जब, तब समझ में आया सब
क्यों हमारे रात और दिन, सख़्त मुश्किलों के थे

वो भी ग़म के मारे थे, हम भी बेसहारे थे
साल साथ जो गुज़रे, उन्हीं सिलसिलों के थे

यूँ तो की मदद हम ने अपने घर के लोगों की
जान-ओ-दिल से लेकिन हम सिर्फ़ दोस्तों के थे

112

दिले-कम्बख़्त और तनहाई
रात का वक़्त और तनहाई

कोई रानी नहीं महल में आज
ताज और तख़्त और तनहाई

ले के आई थी याद का ख़ंजर
कर गई लख़्त-लख़्त[1] तनहाई

देखिये क्या ये गुल खिलाते हैं
दिल है नाज़ुक तो सख़्त तनहाई

इस की शाख़ों पे शेर उगते हैं
ख़्वाब का है दरख़्त तनहाई

1. टुकड़ा-टुकड़ा

113

कई झगड़ों से हम बचे भी हैं
तन्हा रहने के फ़ायदे भी हैं

वो न समझे हमें न हम उनको
साथ कुर्बत के फ़ासले भी हैं

हँस के ढाते हैं वो सितम हम पर
जो हमें दिल से चाहते भी हैं

एक गुड़िया वफ़ा की है जिसको
खो भी देते हैं, ढूँढते भी हैं

यूँ तो कहने को कह दिया सब कुछ
चंद क़िस्से अभी बचे भी हैं

114

न हमख़याल है कोई न हमज़ुबां कोई
तो कैसे समझे भला मेरी दास्तां कोई

ख़ुदा ने सुनने से इंकार कर दिया हो जब
तो लेके जाये शिकायत कहो कहाँ कोई

मुझे बताये हुए रास्तों पे शक सा है
चला हूँ उस तरफ़ जाता नहीं जहाँ कोई

वो शहर जिसके मकीं थे हमारे सारे बुज़ुर्ग
हमारे नाम का उस में नहीं मकां कोई

ज़बाने-ग़ैर में इज़हारे-ग़म न हो पाया
दयारे-ग़ैर में पाया न राज़दां कोई

115

दोस्ती कुछ नहीं उल्फ़त का सिला कुछ भी नहीं
आज दुनिया में ब-जुज़ ज़ेहन-ए-रसा[1] कुछ भी नहीं

पत्ते सब गिर गए पेड़ों से मगर क्या कहिए
ऐसा लगता है हमें जैसे हुआ कुछ भी नहीं

कल की यादों की जलाने को जलाएँ मिश्अल
एक तारीक उदासी के सिवा कुछ भी नहीं

ढूँढना छोड़ दो परछाईं का मस्कन[2] यारो
चाहे जिस तरह जियो इस में नया कुछ भी नहीं

एक ब्रूटस से शिकायत हो तो दिल दुखता है
हो जो हर एक से शिकवा तो गिला कुछ भी नहीं

---

1. पहुँच वाली बुद्धि के सिवाय, 2. घर

116

कहो तो आज बता दें तुम्हें हक़ीक़त भी
कि ज़िंदगी से रही है हमें मोहब्बत भी

तुम्हारा हुस्न तो है जान अपने रिश्ते की
बरत रहे हैं मगर हम ज़रा मुरव्वत भी

हज़ार चाहें मगर छूट ही नहीं सकती
बड़ी अजीब है ये मयकशी की आदत भी

ये ज़िंदगी कोई महशर सही मगर यारो
सुकून-बख़्श है हम को यही क़यामत भी

उधार ले के ख़ुशी सारी उम्र जीते रहे
मगर ये इल्म था आएगी हम पे आफ़त भी

117

जागते में भी ख़्वाब देखे हैं
दिल ने क्या क्या अज़ाब देखे हैं

आज का दिन भी वो नहीं जिस के
हर घड़ी हम ने ख़्वाब देखे हैं

दूसरे की किताब को न पढ़ें
ऐसे अहल-ए-किताब देखे हैं

क्या बताएँ तुम्हें कि दुनिया में
लोग कितने ख़राब देखे हैं

झाँकते रात के गरेबां से
हम ने सौ आफ़ताब देखे हैं

हम समुंदर पे दौड़ सकते हैं
हम ने इतने सराब देखे हैं

118

तेज़ बारिश में भीगता है कौन
मुझ में छुप के, ये रो रहा है कौन

क़िस की आवाज है मिरे लब पर
मेरे अंदर यह दूसरा है कौन

मैं अगर ख़्वाब में भटकता हूँ
फिर ये बिस्तर पे सो रहा है कौन

किस ने ग़म लिक्खा मेरे चेहरे पर
और मुझ को हँसा रहा है कौन

किस ने मुझ को दिया था हुक्म-ए-सफ़र
और वापस बुला रहा है कौन

इतनी सकत कहाँ कि जहाँ चाहते थे जायें
चलिये वहीं चलें कि जहाँ से चले थे हम

119

अश्कों से दामन भर लिया, लो फिर से तुमने मीर जी
घाटे का सौदा कर लिया, लो फिर से तुमने मीर जी

बोली लगेगी प्यार की, अश'आर की, अफ़्कार[1] की
बाज़ार में इक घर लिया, लो फिर से तुमने मीर जी

हर झूठ का, हर खोट का, हर ज़ख़्म का, हर चोट का
इल्ज़ाम अपने सर लिया, लो फिर से तुमने मीर जी

फिर से सितम सहने लगे, हर दम ग़ज़ल कहने लगे
सौदा-ए-उल्फ़त सर लिया, लो फिर से तुमने मीर जी

खिलक़त[2] फलेगी किस तरह, दुनिया चलेगी किस तरह
ये बोझ अपने सर लिया, लो फिर से तुमने मीर जी

---

1. चिन्तन, 2. जनता

120

कैसे कटेगी रात बताओ, मीर बड़ी तनहाई है
शेर सुनाओ, दिल बहलाओ, मीर बड़ी तनहाई है

दर्द के क़िस्से, ग़म के फ़साने, हुस्न और इश्क़ के सारे तराने
मद्धम सुर में फिर से गाओ, मीर बड़ी तनहाई है

जान पे भारी शब बेदारी,[1] दिल पर गोया रिक़्क़त[2] तारी
आज की रात तो मिलने आओ, मीर बड़ी तनहाई है

तंजो-इशारे से मत खेलो, मेहरो-वफ़ा का रास्ता ले लो
चारागरी की रस्म निभाओ, मीर बड़ी तनहाई है

जिससे मिलकर आये हो तुम, जिसको दिल में बसाये हो तुम
हमको भी कुछ उसकी सुनाओ, मीर बड़ी तनहाई है

---

1. रात्रि जागरण, 2. नमी (आँसुओं की)

121

जल्द भरोसा कर लेते हैं, मीर जी कितने सादा दिल हैं
दिल में जो हो कह देते हैं, मीर जी कितने सादा दिल हैं

साधू कोई, कोई मदारी, डाकू कोई, कोई पुजारी
सब को दोस्त समझ लेते हैं, मीर जी कितने सादा दिल हैं

दुनिया बदली, धोखे खाए, ख़ुद को लेकिन बदल न पाये
जैसे थे अब तक वैसे हैं, मीर जी कितने सादा दिल हैं

जिसने इक पल मुँह न लगाया, ख़ाली हाथों ही लौटाया
उसके दर पर फिर बैठे हैं, मीर जी कितने सादा दिल हैं

तेज़ नहीं बेबाक नहीं हैं, मुट्ठी-भर चालाक नहीं हैं
ग़म सहते हैं, चुप रहते हैं, मीर जी कितने सादा दिल हैं

122

क़िस्मत में थी आशुफ़्तासरी[1] मीर की तरह
सच है तमाम उम्र कटी, मीर की तरह

इक ख़ुशगवार याद है अब और कुछ नहीं
चाहा था लखनऊ को कभी मीर की तरह

फिर चोट ज़हनो-दिल पे लगी, फिर ग़ज़ल हुई
फिर रात जागते ही कटी, मीर की तरह

जो चाह थी वो लब पे हमारे न आ सकी
जो आह थी सो चुपके भरी मीर की तरह

बेचैन, बेक़रार, हेरासां,[2] इधर-उधर
इक्कीसवीं सदी भी हुई मीर की तरह

1. व्याकुलता, 2. भयभीत

123

ताल नई औ' धुन मतवाली, सुनते मीर तो क्या क्या कहते
हिंदी फ़िल्मों की क़व्वाली, सुनते मीर तो क्या क्या कहते

रस्मे-सताइश[1] याद नहीं है, वाह नहीं है दाद नहीं है
अच्छे शेर पे बजती ताली, सुनते मीर तो क्या क्या कहते

ज़हन के क़द हैं बौने जैसे, शेर हैं खेल-खिलौने जैसे
फ़िक्रो-सुख़न[2] की ये कंगाली, सुनते मीर तो क्या क्या कहते

ऊपर से तो नेक हैं रहबर, हमदर्दी है सब के लब पर
दिल में बातें हैं जो काली, सुनते मीर तो क्या क्या कहते

कच्चे वादे, झूठी क़स्में, मेहरो-वफ़ा से आरी[3] रस्में
और सदा भी ढोल सी ख़ाली, सुनते मीर तो क्या क्या कहते

---

1. प्रशंसा, 2. चिन्तन और काव्य, 3. वंचित

124

ख़ुद को न दे पाओगे धोखा, मीर के जब अश'आर पढ़ोगे
इक आईना सामने होगा, मीर के जब अश'आर पढ़ोगे

ख़ुद को ठीक से पहचानोगे, और ये राज़ भी तुम जानोगे
क्या खोया है और क्या पाया, मीर के जब अश'आर पढ़ोगे

शाम ढले जब घर आओगे, कोई न होगा घबराओगे
ख़ुद को कम पाओगे अकेला, मीर के जब अश'आर पढ़ोगे

जाग उठेंगे माज़ी के दिन, जब भोले थे जब थे कमसिन
होगा हरा हर ज़ख़्म पुराना, मीर के जब अश'आर पढ़ोगे

ऐसे उतर जाएँगे दिल में, दोहराओगे हर महफ़िल में
सबसे ज़िक्र करोगे उनका, मीर के जब अश'आर पढ़ोगे

125

सच बता दे तुझे मिला क्या है, मीर साहब से दोस्ती करके
"दिले नादां तुझे हुआ क्या है" मीर साहब से दोस्ती करके

तू मुसाहिब जो होता मिर्ज़ा का, लूटता हर मज़ा तू दुनिया का
कू-ब-कू[1] फिर रहा है, तनहा है, मीर साहब से दोस्ती करके

आरज़ू, कशमकश, गिले, जज़्बात, शायरों ने कही है इनकी बात
लिखना कम-कम जिन्होंने सीखा है, मीर साहब से दोस्ती करके

दहरिये[2] थे न जाने हम कब से, तंग आये थे अपने मज़हब से
ये न सोचो कि क़शक़ा[3] खींचा है, मीर साहब से दोस्ती करके

"ये जो चश्मे-पुर-आब हैं दोनों, एक ख़ाना ख़राब हैं दोनों"
दिल ने इतना सबक़ तो सीखा है, मीर साहब से दोस्ती करके

---

1. गली-गली, 2. नास्तिक, 3. तिलक

126

शहरे-दिल्ली भी शहरे-दिल न रहा, मीर साहब ज़माना नाज़ुक है
उठ गये जो थे अहले-मेहरो-वफ़ा, मीर साहब ज़माना नाज़ुक है

हिंद और पाक फिर से दुश्मन हैं, हर तरफ़ नफ़रतों के गुलशन हैं
चल रही है अजीब गर्म हवा, मीर साहब ज़माना नाज़ुक है

हर क़दम पे है आज बरबादी, मिट गया आज नक़्शे-फ़रियादी[1]
ख़ून-आलूदा[2] आज दस्ते-सबा,[3] मीर साहब ज़माना नाज़ुक है

अब न मंज़िल न जादये मंज़िल[4], अब बुलाता है कूचा-ए-क़ातिल
काम आयेंगे अब न बुत न ख़ुदा, मीर साहब ज़माना नाज़ुक है

अब कहाँ सच्चे चाहने वाले, वहशतों को सराहने वाले
राह चलिये सँभल-सँभल के ज़रा, मीर साहब ज़माना नाज़ुक है

---

1. न्याय माँगने वाले की छवि, 2. रक्तरंजित, 3. सुबह की हवा का हाथ, 4. मंज़िल के ऊपर

127

फ़नकारी[1] की इज़्ज़त क्या है, मीर बेचारा जाने है
हिजरत[2] क्या है, ग़ुरबत[3] क्या है, मीर बेचारा जाने है

मेहरो-वफ़ा[4] व लुत्फ़ो-एनायत[5] मीर की ज़ात[6] का हिस्सा है
उनका बाइस-ए-ग़फ़्लत[7] क्या है, मीर बेचारा जाने है

चारागरी बीमारिये दिल की शहर में सबको आती है
लेकिन उसकी क़ीमत क्या है, मीर बेचारा जाने है

दिन भर ख़ुद से बातें करना, रात को रो-रो सो रहना
तनहाई में दिक़्क़त क्या है, मीर बेचारा जाने है

हर दम आहो-बुका[8] और हर दम रंजो-अलम[9] और वहशत है
फिर भी इश्क़ में राहत क्या है, मीर बेचारा जाने है

---

1. कला, 2. परदेस गमन, 3. अभाव, 4. प्रेम और निभाव, 5. दयालुता और कृपा, 6. व्यक्तित्व, 7. असतर्कता की वजह, 8. आह और रोदन, 9. शोक और दु:ख

128

या है पड़ा हुआ तेरे फ़ाटक के पास मीर
या कू-ब-कू फिरे है सरापा[1] उदास मीर

ये चाक दामनी है फ़क़त लखनऊ की देन
दिल्ली में बस रहा था तो था ख़ुशलिबास मीर

अच्छी ज़ुबान क्या है ज़रा पूछ लीजियो
आये नज़र जो तुमको कभी आस-पास मीर

फिरता था कू-ब-कू तो था वो अपने रंग में
महफ़िल में हर नवाब की था बदहवास मीर

चेहरे पे इक दमक सी रही ख़्वाह[3] कुछ हुआ
बाँधे हुए था दिल में कहो कैसी आस मीर

---

1. सर से पाँव तक, 2. चाह, तलब

129

क्यों ग़म सहे हैं इस क़दर, कुछ तो बताओ मीर जी
क्यों ख़ुद को रक्खा दर-बदर, कुछ तो बताओ मीर जी

रिश्ते जो थे तोड़ आये तुम, अहबाब सब छोड़ आये तुम
किस बात का था दिल में डर, कुछ तो बताओ मीर जी

क्यों इस क़दर वहशत रही, क्यों रंज से रग़बत[1] रही
क्यों छोड़ आये आपना घर, कुछ तो बताओ मीर जी

शाहीन[2] बाअंदाज थे, इक माहिरे परवाज़[3] थे
क्यों काटे ख़ुद अपने ही पर, कुछ तो बताओ मीर जी

गो दूर सब साहिल रहे, हालात सब मुश्किल रहे
फिर कैसे निकले बाहुनर, कुछ तो बताओ मीर जी

---

1. झुकाव, 2. गरुड़, 3. उड़ान में कुशल

130

ख़त्म कहीं तो दरिया होगा, मीर कभी सोचा है तुमने
आगे समुंदर राजा होगा, मीर कभी सोचा है तुमने

तुमने तो सब रामकहानी दुनिया-भर में फैला दी है
रावण भी कुछ कहता होगा, मीर कभी सोचा है तुमने

तुम जो कहोगे ख़ामोशी से, वो जो सुनेगा अय्यारी से
फ़ासिला उनमें कितना होगा, मीर कभी सोचा है तुमने

जिसको छोड़ के सारी दुनिया, मारे-मारे से फिरते हो
शायद वो भी अकेला होगा, मीर कभी सोचा है तुमने

जिसने दिया था हुक्मे-सफ़र और जिससे तुम नाराज़ हो इतने
उससे इक दिन मिलना होगा, मीर कभी सोचा है तुमने

131

उमर जितनी हुबाब[1] की है मीर
सो हमारी किताब की है मीर

बेकसी और बढ़ गयी तब से
जब से क़िल्लत शराब की है मीर

ना-उम्मीदी का हाल तो देखो
जुस्तजू अब सराब[2] की है मीर

इश्क़ की आजिज़ी कहाँ से लायें
उनको आदत हिसाब की है मीर

नाज़ुकी उसके लब की क्या कहिये
पंखड़ी इक गुलाब की है मीर

---

1. बुलबुला, 2. मृगतृष्णा

132

बज़्मे-अफ़कार[1] पे बिजली सी गिरी, मीर के बाद
शायरी सारी सियह-पोश हुई मीर के बाद

उनकी सुनने के लिए जिसमें न रुकता था कोई
अब है शर्मिन्दा वो दिल्ली की गली, मीर के बाद

आगे थी वक़्फ़े-सितम,[2] महवे-जफ़ा,[3] सर्फ़े-अज़ाब[4]
रस्म-ए-ज़िन्दाँ[5] हुई हैं चारागरी,[6] मीर के बाद

मीर के होते कहाँ चैन पड़ा था उसको
हाकिमे-शहर ने पायी है ख़ुशी, मीर के बाद

वो सुख़नवर कि जो अल्फ़ाज़ पे ग़ालिब होगा
इक असद नाम का आयेगा कोई मीर के बाद

---

1. चिन्तन की गोष्ठी, 2. अत्याचार का तयशुदा भाग, 3. बेवफ़ाई में डूबे, 4. पाप के बदले मिलने वाले दु:ख में खप जाना, 5. जेल की रस्म, 6. चिकित्सा

133

पहले जो हाल था है अब, मीर जी क्या छुपाइये
हर इक तमन्ना जाँ-ब-लब, मीर जी क्या छुपाइये

बात अधूरी रह गयी, जितनी थी दूरी, रह गयी
ख़तम पे आयी महफ़िले-शब, मीर जी क्या छुपाइये

शरमो-हया की फ़िक्र क्या, हुस्ने-सुख़न[1] का ज़िक्र क्या
कहने को जो रहा है अब, मीर जी क्या छुपाइये

अपना-सा मानते हैं वो, आपको जानते हैं वो
उनको पता है सबका सब, मीर जी क्या छुपाइये

रस्ते कोई दिखाये क्या, आस कोई बँधाए क्या
अपना न कोई बुत न रब, मीर जी क्या छुपाइये

---

1. अभिव्यक्ति का सौन्दर्य

134

उर्दूदानों के घर-घर है, मीर कहानी, मीर कहानी
दुनिया-भर के होंठों पर है, मीर कहानी, मीर कहानी

ग़ालिब से गहरी है ज़्यादा, ग़ालिब से सच्ची है ज़्यादा
ग़ालिब से गो कम सुंदर है, मीर कहानी, मीर कहानी

रक़साँ[1] हैं दरया-ए-लहू में ग़ालिब के पेचीदा ख़याल
दिल के शिगाफ़ों[2] के अंदर है, मीर कहानी, मीर कहानी

वहशत में भी सरज़द[3] उनसे बेअदबी कम-कम है हुई
लैला मजनूँ से बेहतर है, मीर कहानी, मीर कहानी

महरो-वफ़ा व लुत्फ़ो-एनायत हमको सब सिखलाए गए
गोया बचपन से अज़बर[4] है, मीर कहानी, मीर कहानी

1. नृत्य-रत, 2. दरार, 3. घटित होना, 4. कंठस्थ

एक मिसरे की बंद मुट्ठी में
कितनी यादों का दिल धड़कता है

चन्द तन्हा शे'र

मुझ से लिपट के भूल जा अपने वजूद को
मैं इन्तेहा हूँ, बंद गली का मकान हूँ

रहबरी छोड़ दी अक़ीदों[1] ने
अब यक़ीं कम है और क़यास[2] बहुत

ढूँढने निकलोगे तो हाथ नहीं आयेगा
पास से देखोगे तो शक्ल बदल जायेगी

सर झुकाए खड़े हैं सारे पेड़
और फल सज गए दुकानों पर

गो बाग़ लिख गया वो वसीयत में मेरे नाम
जो पेड़ मुझ को प्यारे थे, सारे गिरा दिए

उसके चेहरे पर मेरे ग़म का सबब लिखा है
आईना देखे, तो शर्मायेगा दुश्मन मेरा

कोई मंज़िल न मुझे रोक सकी
ख़ुद मिरा घर भी मेरी राह में है

---

1. धार्मिक विश्वास, 2. अनुमान

हमारे चेहरे पे नरमी नहीं रही लेकिन
हमारे दिल से शराफ़त नहीं गई अब तक

वो लेके आई है आँखों में प्यार की शम्अें
मगर मिज़ाज मेरा जंगली हवा सा है

हम को शीरीं था इन्तज़ार तेरा
हो गई तल्ख़तर हयात तो क्या

मेरी तो ख़ैर कई साल की छुट्टी समझो
लेकिन उस पर भी कठिन चंद महीने होंगे

अपनी महबूबा से बस प्यार की बातें करना
उलझनें दिल की सुनाओगे तो डर जाएगी

जिस जगह क़दम रखिए, कोई संग-ए-मील है
राई के पहाड़ पर, आँसुओं की झील है

जो डूबते का सहारा बना था वो तिनका
बस अगले पल ही मुक़द्दर के आबशार में था

आसूदगी[1] पे अपनी पशेमान से हैं हम
हैं इतने ख़ुश कि थोड़े परेशान से हैं हम

शिफ़ा-ए-वक़्त[2] से अब वो भी भर चला अफ़सोस
जो एक ज़ख़्म मेरे यार की निशानी था

जुर्म था, पर बड़े मज़े का था
जिस को चाहा, वो दूसरे का था

---

1. तृप्ति, 2. समय की चिकित्सा

भूतों का डेरा शहर की हर इक गली में था
बरगद का पेड़ बेवजह बदनाम हो गया

खरग़ोश की फ़ुरती पे जलन तो हुई लेकिन
दलदल में फँसा भेड़िया मजबूर बहुत था

अपने जज़्बात ख़ामोशी से मुझे सहने दो
फल ये कच्चे हैं, इन्हें पेड़ पे ही रहने दो

जाने किस ख़ौफ़ ने ताउम्र मुसाफ़िर रक्खा
गो कोई हर्ज न था लौट के घर जाने में

ये फ़र्क़ अपने पराए का इस क़दर क्यों है
सड़क के पार जो है, दूसरों का घर क्यों है

लहजे से बाँध सकते हो गर, बाँध लो हमें
अल्फ़ाज़ की गिरफ़्त में आना मुहाल है

उस में यादों के गिराँ क़दर[1] दफ़ीने[2] निकले
बूढ़े संदूक को जब ज़हन में खोला मैंने

जा बसूँ अपने वतन में, उसे मंज़ूर नहीं
मेरा परदेस में मरना भी न देखा जाए

1. बहुमूल्य समझे जाने योग्य, 2. गड़ा हुआ धन

हर ख़ुशी हम को मिली गोया पराई बनकर
घर का आराम किसी और के घर में पाया

नज़्म

सबक़

उम्र हुई तो जाना हम ने
सच है जो वो माना हम ने

समझ में आया खेल है दुनिया
दुख और सुख का मेल है दुनिया

बच्चे कम झूठे होते हैं
दिल अकसर टूटे होते हैं

हुस्न का झुकना नामुमकिन है
वक़्त का रुकना नामुमकिन है

दौलत प्यार से कमतर शय है
मौत का आना बस इक तय है

उम्र हुई तो जाना हम ने
सच है जो वो माना हम ने

आधे-अधूरे

कुछ काम थे जो हम कर न सके
कुछ ज़ख़्मों को हम भर न सके

कुछ दोस्त पुराने छोड़ आये
कुछ गहरे रिश्ते तोड़ आये

कुछ घड़ियाँ झूठ की जीं हम ने
कुछ बातें ग़लत भी कीं हम ने

लेकिन ये कहानी सब की है
नादान जवानी सब की है

सब दिल से धोका खाते हैं
सब देर से होश में आते हैं

सब मंज़िल से हैं दूर अपनी
सब फ़ितरत से मजबूर अपनी

सब वक़्त के आगे शर्मिंदा
सब आधे-अधूरे हैं ज़िंदा

कच्चे धागे

प्यार के रिश्ते हों
इख़लाक़[1] की रानाई हो
हमसुख़न ज़हन हों
और एक सी गहराई हो
मुश्तरक[2] क़दरें[3] हों
बरसों की शनासाई हो
झूठ की तुन्द हवाओं में बिखर सकते हैं
सच के सौ साल बस इक लम्हे में मर सकते हैं

1. सदाचार, 2. समान, 3. मूल्य

फ़र्क़

जो शहर कभी के छूट गये
वो सीने में पाइंदा[1] हैं
जो शामें साथ गुज़ारी थीं
वो अब तक ज़हन में ज़िंदा हैं
जो दर्द की शम्अें रोशन थीं
वो आज तलक ताबिन्दा[2] हैं
है फ़र्क़ तो बस इक इतना है
अब अपना पता मालूम नहीं
अब गहरी नींद नहीं आती
अब दिल उतना मासूम नहीं

---

1. स्थायी, 2. प्रकाशित

दरख़्वास्त

आज की रात कोई सच न कहो
आज बस वक़्त को टल जाने दो
झूठ से दिल को बहल जाने दो
मुझ को थोड़ा सा सँभल जाने दो

कल तो सूरज की हथेली पे मचलता हुआ सच
फिर हर इक सिम्त बिखर जाएगा
ज़हर बन कर मिरी नस-नस में उतर जाएगा
आज की रात निकल जाने दो
आज की रात कोई सच न कहो!

दूर के ढोल

सामने के मकां में इक साहिब
मेरी सब उलझनों से नावाक़िफ़
मेरे ज़ख़्मों से बेख़बर
शायद
शाम के वक़्त, आके दफ़्तर से
चाय पीते हुए ये कहते हैं
सामने के मकां में इक साहिब
देख, कितने सकूं से रहते हैं!

18 जनवरी सन् 1953

हर तरफ़ है अजीब सन्नाटा
शहर सारे का सारा हैरां है
सर झुकाए खड़े हैं पेड़ सभी
सारी सड़कें हैं ख़ुद पे शर्मिन्दा
जिस्म का बाग़
रूह की मस्जिद
दिल का दरिया
दिमाग़ का स्कूल
सब अकेले हैं, चुप हैं, डरते हैं
सब के सब तुम को याद करते हैं!

देखने में तो कोई फ़र्क़ नहीं

(एक मंज़ूम ख़त[1] जादू और शबाना के नाम)

देखने में तो कोई फ़र्क़ नहीं, शहर वैसे का वैसे क़ायम है
ऐसा लगता है कुछ हुआ ही नहीं, कोई इस शहर से गया ही नहीं
लोग सड़कों पे अब भी सोते हैं, हादसे रोज़ अब भी होते हैं
जो दुकानें थीं पहले, अब भी हैं, भीड़ अब भी है शाहराहों पर
बच्चे ज़िद करते हैं खिलौनों की, काम ज़्यादा हैं अब भी माँओं पर
बुत सितमगर हैं, जैसे पहले थे, अब भी इल्ज़ाम हैं ख़ुदाओं पर
इश्क़ के सब्ज़बाग़ में अब भी, लड़कियाँ सूरत-ए-ग़ज़ालाँ[2] हैं
घर से ग़ायब हैं सारा दिन लड़के, बाप बेटों से अब भी नालां[3] हैं
डाकिया डाक फेंक जाता है, वही अख़बार अब भी आता है
हर बुरा शेर अब भी खलता है, चाँद मग़रिब[4] से ही निकलता है
देखने में तो कोई फ़र्क़ नहीं, शहर वैसे का वैसा क़ायम है
ऐसा लगता है कुछ हुआ ही नहीं, कोई इस शहर से गया ही नहीं
हाँ मगर दिल का अब वो हाल नहीं, तुम गए तो ये बुझ गया कमबख़्त!

✪✪✪

---

1. काव्यात्मक पत्र, 2. हिरणी जैसी सूरत वाली, 3. मजबूर, 4. पश्चिम